NOUVELLE SÉRIE — N° 6.

18 OCTOBRE 1919.

LA PETITE ILLUSTRATION

THÉATRALE

REVUE LITTÉRAIRE PUBLIANT LES PIÈCES NOUVELLES
JOUÉES DANS LES THÉATRES DE PARIS

LE DESTIN EST MAITRE

PIÈCE EN DEUX ACTES

de

PAUL HERVIEU

La Petite Illustration Théâtrale paraît trimestriellement et publie des numéros spéciaux chaque fois que l'exige l'actualité dramatique.

Aucun numéro de LA PETITE ILLUSTRATION ne doit être vendu sans le numéro de L'ILLUSTRATION portant la même date.

ABONNEMENT ANNUEL

(L'Illustration et La Petite Illustration réunies)

France et Colonies . . . 80 francs — Etranger. . . . . 100 francs

13, rue SAINT-GEORGES, PARIS (9e).

LA FLEUR DE FRANCE
la dernière création
d'ORSAY,
à PARIS.

LE DESTIN EST MAITRE

PIÈCE EN DEUX ACTES

par

PAUL HERVIEU

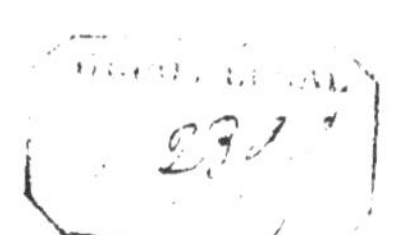

Représentée pour la première fois, le 9 avril 1914, au théâtre de la Porte-Saint-Martin (1)

Juliane Béreuil (Mme Marthe Brandès).

PERSONNAGES

Le commandant Séverin de Chazay .	MM. LE BARGY.	*Juliane Béreuil*	Mmes MARTHE BRANDÈS
Gaëtan Béreuil	H. ROUSSELL.	*Noëmi Béreuil*................	ANDRÉE PASCAL.
Messénis	A. CALMETTES.		
Joachim Béreuil	RENÉ ROCHER.	*Baptiste*	M. JEAN KEMM.

La scène se passe au manoir de Valseine, non loin de Paris.

(1) *Le Destin est maître*, traduit en espagnol par M. D. Jacinto Benavente, sous le titre *El Destino manda*, avait été représenté pour la première fois au Teatro de la Princesa à Madrid, quinze jours auparavant, le 25 mars, avec la distribution suivante :

Juliane Béreuil, Mme MARIA GUERRERO ; *le commandant Séverin de Chazay*, DON FERNANDO DIAZ DE MENDOZA ; *Gaëtan Béreuil*, M. MARIANO DIAZ DE MENDOZA ; *Messénis*, M. EMILIO THUILLIER ; *Baptiste*, M. PEDRO CODINA ; *Noëmi Béreuil*, Mlle MARIA LADRON DE GUEVARA ; *Joachim Béreuil* (en travesti), Mlle RUIZ MORAGAZ.

PHOTOGRAPHIES WALERY

Un salon du manoir de Valseme

LE DESTIN EST MAITRE

ACTE PREMIER

Un salon de château. Au fond, porte-fenêtre ouvrant sur un perron, avec vue sur le parc. Au premier plan, à gauche, porte de l'antichambre. A droite, au premier plan, porte de l'appartement de Juliane ; au deuxième plan, porte du bureau de Gaëtan.

Scène première

JOACHIM, puis BAPTISTE, arrivant par le perron, puis NOÉMI

BAPTISTE. — Au moins, vous n'êtes pas blessé, mon petit maître?

JOACHIM. — Cela m'a seulement étourdi.

BAPTISTE. — J'ai laissé la bête rentrer toute seule à l'écurie.

NOÉMI, apparaissant en haut de l'escalier, à Joachim. — Quelle peur tu m'as faite!...

BAPTISTE, à Joachim. — Vous êtes plein de poussière!

JOACHIM, à Baptiste. — Va chercher une brosse.

BAPTISTE. — Tout de suite, oui... (Il sort.)

NOÉMI. — Je t'ai aperçu de ma fenêtre, au moment où tu allais être désarçonné!...

JOACHIM. — Mon pied s'accrochait. J'aurais pu être traîné sur les cailloux. Heureusement que Baptiste s'est trouvé là. Il s'est jeté à la tête du cheval... (A Baptiste qui rentre.) Tu t'es conduit comme un héros!

BAPTISTE, en train de brosser le jeune homme. — Monsieur Joachim me fait trop d'honneur.

JOACHIM, apercevant la main de Baptiste. — Mais tu saignes!

NOÉMI. — Oh! mais oui!

BAPTISTE. — Mademoiselle Noémi, ce n'est rien.

NOÉMI. — Il s'est déchiré la main!

JOACHIM. — Ça doit te faire très mal?

BAPTISTE. — Laissez, monsieur Joachim... Je vous en prie, mademoiselle Noémi!... Tâchez plutôt que votre maman n'ait aucun soupçon du petit accident qui a failli arriver!...

JOACHIM. — Pourquoi?

BAPTISTE. — Vous allez être bientôt dans vos années préparatoires à l'Ecole militaire. Chaque fois qu'il sera question pour vous d'être au manège, mieux vaut que Mme Béreuil ne se représente pas que vous y avez aussitôt la tête en bas et les jambes en l'air.

JOACHIM. — Alors, tu vas te priver ainsi d'être félicité par ma mère pour le service que tu lui as rendu?

BAPTISTE. — C'est meilleur qu'elle reste dans toute sa tranquillité.

NOÉMI. — Baptiste, tu as un degré de vertu qui te fera entrer tout droit en paradis.

BAPTISTE, avec mélancolie. — Oh! mademoiselle, j'ai

idée que là-haut on examine de plus près les papiers de chacun. Et ça fera discuter les miens. (Apercevant Séverin.) Voici venir le commandant de Chazay. (A Joachim.) Si vous lui parlez de votre culbute, il va trop s'amuser de vous! (Il sort.)

Scène II

NOÉMI, JOACHIM, SÉVERIN

SÉVERIN, goguenard. — Je t'y prends encore, mon gaillard, à t'admirer dans la glace! N'as-tu pas honte, toi, un garçon de dix-sept ans bientôt!

JOACHIM. — Mon oncle, j'avais à remettre de l'ordre dans ma toilette.

SÉVERIN. — Mais je ne demande qu'à t'y aider.

Lestement il ratisse d'une main la belle raie de Joachim et de l'autre main, tirant sur un des bouts de la cravate, il en défait le nœud.

JOACHIM, se débattant et se récriant contre chacun de ses attentats. — Oh!... vous m'avez pris en traître! Oh!... Oh!... Ça n'est pas permis!

NOÉMI. — Reconnaissez, mon oncle, que vous êtes horriblement taquin.

SÉVERIN. — Moi!

JOACHIM. — Oui! Oui! C'est pour cela qu'aucune femme n'a consenti à l'épouser!

SÉVERIN. — Ah! brigand! tu voudrais me faire dire ce qui m'a empêché de me marier.

NOÉMI, curieuse. — Y a-t-il donc un secret?

SÉVERIN, d'un air mystérieux. — Oh! un secret pyramidal!... Chut! J'ai été empêché de me marier par la prédiction d'une bohémienne...

JOACHIM. — Ah bah!

SÉVERIN. — Une bohémienne de cent vingt-cinq ans... Chut!... Les lignes de ma main annonçaient, paraît-il, que je devais avoir deux enfants qui me rendraient l'existence impossible... J'étais destiné à avoir pour cette fille et pour ce garçon une tendresse excessive, allant jusqu'à me faire perdre la tête quand je les verrais malades ou menacés de quoi que ce soit... Alors, j'ai décidé que j'éviterais de fonder cette insupportable famille qui m'était annoncée.

NOÉMI. — Comme ça, mon oncle, vous vivez bien tranquille.

JOACHIM. — Je croyais que les bohémiennes ne se trompaient jamais?

SÉVERIN, toujours sérieux. — En effet!... Mais lorsqu'elles n'ont plus une seule dent elles prononcent mal. Ce que la mienne m'avait prédit, c'étaient un neveu et une nièce!

JOACHIM. — Et alors?

SÉVERIN, avec tendresse. — Alors, ces deux êtres-là, je me suis mis à les aimer aussi bêtement que s'ils étaient mes propres enfants.

NOÉMI, très affectueusement aussi. — C'est vrai que vous êtes infiniment bon pour nous!

SÉVERIN, embrassant Noémi. — Merci de ton affection, joli ange! (A Joachim.) Toi, tu boudes? Tu as de la rancune, à cause de...?

Il fait la pantomime de tirer sur un bout de cravate.

JOACHIM. — Moi, mon oncle, me fâcher de ce geste? Mais je n'ai senti là dedans qu'une gentillesse. Et, la preuve, c'est que je vous la rends.

Il dénoue la cravate de Séverin.

SÉVERIN. — Ah! ça! c'est idiot!

NOÉMI. — Oh! voyons, Joachim!... Mon oncle, je vous demande pardon pour lui?

Scène III

LES MÊMES, JULIANE

JULIANE, entrant par la porte de droite, au deuxième plan. — Quoi? Que se passe-t-il?

SÉVERIN, rajustant sa cravate. — Ma sœur, c'est ce petit polisson! Ce petit imbécile!...

JULIANE. — Seigneur Jésus!... Qu'est-ce qu'il a fait?

SÉVERIN. — La chose du monde la plus stupide!... (A Joachim.) En conviens-tu?

JOACHIM. — Mon oncle, la politesse me défend de convenir qu'il soit stupide de suivre un exemple donné par vous.

SÉVERIN, enchanté. — Il est insolent comme un page! Il est charmant. (A Joachim.) Viens m'embrasser.

JOACHIM. — Avec joie.

Ils se donnent l'accolade.

JULIANE. — Tout cela ne m'explique pas...?

SÉVERIN. — Tu as un fils, entends-tu bien, qui n'a peut-être pas le respect de son oncle au point d'en être étouffé. Mais il saura certainement, lui, se faire toujours respecter.

JULIANE. — Tu m'amuses trop à être continuellement si fier de ton neveu!

SÉVERIN. — La carrière qui l'attend sera, j'en suis sûr, la joie de mes vieux jours.

JULIANE, attendrie. — Cher Séverin!

NOÉMI, s'approchant de Juliane. — Mère, tu m'avais dit que tu aurais à me charger d'une mission de confiance?

JULIANE. — Oui! Les Petites Sœurs des pauvres vont venir aux provisions, occupe-toi, auprès du jardinier, à ce qu'il fasse une cueillette bien choisie.

SÉVERIN. — Tu leur fais donner des choux? des melons? des pêches?

JULIANE. — Il y aura aussi des fleurs pour elles.

NOÉMI, dans un sourire de pureté. — Des lis.

SÉVERIN. — Tu en es un toi-même, chère mignonne! (Noémi sort, tandis que Juliane arrange des roses dans un vase. A Joachim, qui gagne la porte.) Et toi, tu vas faire un peu d'équitation?

JOACHIM, d'un air capable. — Non, je ménage aujourd'hui mon cheval de selle.

SÉVERIN. — Qu'est-ce qu'il a?

JOACHIM. — Il ne sait pas se laisser monter.

SÉVERIN, goguenard. — Oui! Il m'a semblé apercevoir...

Il fait avec la main un geste indicatif de l'instabilité.

JOACHIM, se dérobant aux railleries. — Je rejoins Noémi.

Il sort comme elle par le perron.

Scène IV

SÉVERIN, JULIANE

SÉVERIN. — Moi, je sors.

JULIANE. — Ne t'ai-je pas prévenu que nous allions avoir une visite?

SÉVERIN. — Si! Je sais que notre ami Messénis rentre de sa saison aux eaux. Il va profiter, m'as-tu dit, de ce que nous sommes sur la route qui le ramène à la capitale pour faire arrêter sa voiture et prendre le thé avec nous?

JULIANE. — C'est bien cela.

SÉVERIN. — Mais je vais seulement au bureau de poste et je reviens.

JULIANE. — Bon! Bon!... De cette manière, mon mari pourra te serrer la main avant de s'en aller.

SÉVERIN, rembruni. — Il part?

JULIANE. — Gaëtan s'absente, oui. Il a une affaire à traiter.

SÉVERIN, de même. — A Paris?

JULIANE. — Si ce n'était que çà, notre distance de vingt-cinq kilomètres ne l'empêcherait pas de pouvoir être de retour pour dîner...

SÉVERIN, de même. — Ah! il ne rentrera pas dîner?

JULIANE. — Ni coucher non plus.

SÉVERIN, de même. — Ah!... ses obligations vont le retenir tant que cela?

JULIANE. — Il se rend en Normandie, où c'est demain qu'un contrat doit être débattu et signé.

SÉVERIN, de même. — Fort bien.

JULIANE. — Il vend le haras que nous possédions. Il m'a expliqué.

SÉVERIN, de même. — Qu'est-ce qu'il t'a expliqué?

JULIANE. — Ça ne m'est pas resté dans la tête. Je suis trop contente de n'avoir, dans ces cas-là, qu'à m'en remettre à son génie des affaires... Mais qu'as-tu à froncer les sourcils?

SÉVERIN, se dominant. — Que veux-tu que j'aie? Mon Dieu, non!... Tu m'apprends des nouvelles. Je te prêtais attention.

JULIANE. — A présent que tu en sais autant que moi, va où tu voulais et sois vite de retour.

SÉVERIN. — C'est entendu. A bientôt.

Il sort par la porte de l'antichambre.

Scène V

JULIANE, GAËTAN, *entrant par la gauche.*

JULIANE. — Tu as donné les ordres pour ta valise?

GAËTAN. — On achève de la préparer. (*Déposant sur un guéridon des choses qu'il tenait dans sa main.*) Il n'y aura plus qu'à faire mettre ces menus objets dans les poches de l'auto.

JULIANE. — Mais tu n'es pas encore au moment de nous quitter?

GAËTAN. — Dans quelques minutes, si!

JULIANE. — Alors Séverin qui va faire une course... Pour qu'il puisse te dire adieu, je le rappelle...

GAËTAN, la retenant. — Ne le dérange pas.

JULIANE. — Tu ne veux pas le voir?

GAËTAN. — Oh! j'ai épuisé les sujets de conversation avec lui, depuis six semaines qu'il est ici.

JULIANE. — Tu ne t'étais jamais plaint qu'il abusât de l'hospitalité.

GAËTAN. — Il a maintenant des airs grognons, des mots désobligeants.

JULIANE. — Il vient de se montrer d'une humeur charmante avec les enfants.

GAËTAN. — A mon égard, il a pris un ton qui ne me plaît pas.

JULIANE. — Serait-ce possible! Mets-moi au courant?

GAËTAN. — Non! Non! Je ne veux pas en faire davantage une histoire! Et garde pour toi ce que je t'ai dit!

JULIANE. — Tu t'es trompé, Gaëtan! Tu te trompes! Si mon frère avait une hostilité contre toi, il m'en aurait informée. Ce qu'il peut y avoir d'exact, c'est que Séverin a rapporté, du métier militaire, un peu de brusquerie, un certain ton de commandement...

GAËTAN. — C'est-à-dire que, chez nous, il se regarde comme chez lui.

JULIANE. — Et quand cela serait, Gaëtan! N'y aurait-il pas la meilleure excuse?... Cette maison, où Séverin et moi nous sommes nés, comment ne jugerait-il pas qu'elle est toujours la sienne?... Eh oui! Elle lui appartenait, dans l'héritage de la famille, autant qu'à moi... Tu n'ignores point que, sur l'habitation, le parc, les terres environnantes, il m'a fait don de la part qui lui revenait.

GAËTAN. — Les arrangements que vous avez pu avoir ensemble, après ta majorité et avant notre mariage, est-ce que cela me regarde?

JULIANE. — Gaëtan, mon chéri, ne va pas inventer qu'il y ait eu des échanges, des compensations!... Mon frère s'est purement et simplement dépossédé en vue de favoriser mon mariage avec toi.

GAËTAN. — De quoi s'est mêlé ainsi M. Séverin? Lui ai-je demandé ses bienfaits? Est-ce que j'avais besoin de son aide?

JULIANE. — Ton père, qui vivait encore, et qui te laissait une banque de premier rang, avait, paraît-il, de grandes exigences à ton sujet... Oh! comme c'est ennuyeux ce que tu m'entraînes à dire! Mais le fait que Séverin et moi nous fussions de famille aristocratique...

GAËTAN. — Qu'est-ce que tu vas chercher là? Quel à-propos cela peut-il avoir?

JULIANE. — Eh bien! moi, me mariant dans la finance, cela risquait de faire dire que j'avais été sensible à un mariage d'argent...

GAËTAN. — Et puis après? On n'a qu'à laisser dire!

JULIANE. — Oh! tu ne connais donc pas encore le caractère de Séverin! tu ne connais pas l'orgueil qu'il a toujours placé en moi!... Il a voulu faire de sa sœur un parti aussi riche qu'il pouvait... Et par la fortune au grand jour qu'ainsi je t'ai apportée, par le train de maison qui m'avait été rendu possible, oui, grâce à cela, mon mariage est resté, aux yeux de tous, le mariage d'amour qu'il était en moi, d'amour effréné... (*Elle l'embrasse.*)

GAËTAN, se dégageant. — Oui, Juliane, oui... Allons! C'est bien! Je sais!

JULIANE. — Pendant ce temps-là, mon frère s'en allait aux armées coloniales, ne joignant plus que de bien modestes rentes à son traitement d'officier. Toute l'étendue de son sacrifice, je ne l'ai comprise que plus tard. Cela lui a suffi d'avoir fait mon bonheur pour qu'on le voie toujours satisfait de son sort. Jamais un murmure de sa part, même quand une violente injustice à son égard le conduisit à prendre une retraite prématurée. Tu comprends donc quelle protestation s'élèverait en moi si, par une mésintelligence entre vous deux... enfin, s'il s'agissait que Séverin ne fût plus libre de résider aussi souvent, aussi longtemps qu'il lui plaît, dans ce manoir, dans cette terre de Chazay, dont il porte le nom!

GAËTAN. — Je ne veux pas empêcher. Je laisserai à ton frère toute latitude de faire ici le majordome.

JULIANE. — Gaëtan, je t'en prie, ne parle plus de lui avec ironie, avec méchanceté.

GAËTAN. — Mettons que je plaisantais.

JULIANE. — Oui, à la bonne heure. Cela, je te le pardonne.

GAËTAN. — Tu peux penser, du reste, que la présence ici de Séverin ne me gênera jamais moins qu'à cette minute où je m'absente.

JULIANE. — Tu comptes bien pourtant revenir demain soir?

GAËTAN, *évasif*. — Je ne suis pas certain... J'en ai l'intention... Je tâcherai...

JULIANE. — Oh! oui! N'y manque pas!... Perpétuellement tu m'abandonnes pour te rendre à tes bureaux, ou bien tu as un conseil d'administration à droite ou à gauche. Je ne réussis plus à te garder quarante-huit heures de suite.

GAËTAN. — Ce n'est pas ma faute, sois raisonnable, et ne me retiens plus; tu me ferais arriver à destination bien tard.

JULIANE. — S'il survenait quelque chose, c'est à l'adresse du garde qu'il faudrait te prévenir, n'est-ce pas?

GAËTAN, *évasif toujours*. — Je logerai dans le pavillon, oui, mais il ne peut rien survenir.

BAPTISTE, *entrant*. — Madame, c'est M. Messénis.

JULIANE. — Faites entrer. Vous servirez le thé dans un quart d'heure.

BAPTISTE. — Bien, madame.

Il sort.

GAËTAN. — Je file.

JULIANE. — Tu as embrassé les enfants?

GAËTAN. — Oui... C'est-à-dire tu les embrasseras pour moi. Au revoir.

JULIANE. — A demain.

GAËTAN. — Peut-être.

Il sort par le perron.

Scène VI

JULIANE, MESSÉNIS

MESSÉNIS. — Bonjour, ma chère amie.

JULIANE. — Bonjour.

MESSÉNIS. — Je suis ravi de vous trouver en bonne santé. Mais j'espérais aussi voir auprès de vous votre frère.

JULIANE. — Vous le verrez dans un instant. Il a eu à faire une petite course au village... Commencez toujours par vous asseoir.

MESSÉNIS. — Merci.

Tous deux ont pris un siège.

JULIANE. — C'est gentil à vous de n'avoir pas oublié que vous m'aviez promis votre visite.

MESSÉNIS. — Je ne crois pas avoir oublié un mot dit entre nous depuis que je vous connais.

JULIANE. — Vraiment?

MESSÉNIS. — La première fois que je vous ai rencontrée, vous sortiez du couvent. Séverin m'a présenté à vous au cours d'une soirée où vous faisiez vos débuts dans le monde.

JULIANE. — Et qu'est-ce que je vous ai dit?

MESSÉNIS. — Vous m'avez dit: « Non, monsieur, non. »

JULIANE. — Je ne vous ai dit que ça?

MESSÉNIS. — Vous me l'avez dit à sept ou huit reprises.

JULIANE. — Quelles étaient donc vos questions?

MESSÉNIS. — Oh! bien, je vous demandais si vous aimiez la danse? la toilette?... si vous n'auriez pas plutôt le goût de la campagne?... des voyages?... que sais-je encore?

JULIANE. — Et je ne vous ai répondu oui à rien?

MESSÉNIS. — Si! une fois.

JULIANE. — A quoi?

MESSÉNIS. — Quand je vous ai demandé la permission de vous quitter.

JULIANE. — Vous m'aviez trouvée bien sotte?

MESSÉNIS. — Je vous avais trouvée timide, et vous m'aviez communiqué de la gêne. J'avais fini par me sentir aussi embarrassé que vous. Je n'aurais pas su définir ce que je venais d'éprouver. Mais la grande amitié qui existait entre votre frère et moi me valut bientôt d'être en camaraderie avec vous, et d'y apprécier un charme incomparable.

JULIANE. — Messénis, vous me flattez trop!

MESSÉNIS. — Ce qui devait arriver arriva...

JULIANE, *discrètement*. — Je sais...

MESSÉNIS. — Il y a une vingtaine d'années que je vous demandai si vous ne consentiriez pas à devenir ma femme.

JULIANE, *avec une honnête franchise*. — Je me le rappelle bien.

MESSÉNIS. — Je crois entendre encore ce que vous m'avez répondu.

JULIANE. — Je n'en ai pas non plus perdu le souvenir. Je vous exprimai que si vous m'aviez parlé ainsi quelques semaines plus tôt, j'aurais probablement...

MESSÉNIS. — Oui, je me prononçais trop tard. Votre destinée venait de trouver son chemin. Votre cœur était pris désormais... Je ne me suis jamais consolé. Mes sentiments pour vous étaient d'une espèce inaltérable!

JULIANE. — Vous me l'avez fait parfois entendre, depuis lors. Mais je vous sens une âme si pure, si délicate, que je ne me suis jamais reproché d'écouter vos allusions, je ne vois pas de mal à ce qu'elles peuvent avoir de très tendre. Je me dis que j'aurai eu ainsi le dévouement, l'affection des trois hommes les plus loyaux, les meilleurs que l'on puisse imaginer.

MESSÉNIS. — Je suis très touché que vous me rangiez dans ce nombre.

JULIANE. — Permettez qu'en fidèle servante de mon mari je l'y compte tout d'abord.

MESSÉNIS, *poliment*. — Je ne saurais y faire d'objection.

JULIANE. — Les deux autres êtres admirables, c'est vous, Messénis, et c'est mon bon Séverin que voici.

Scène VII

LES MÊMES, SÉVERIN

SÉVERIN, *à Messénis*. — Ah! tu es là!

MESSÉNIS. — Bonjour, cher ami. Tu vas bien?

JULIANE. — Mais non! qu'est-ce qu'il a? (*A Séverin.*) Ton visage est tout crispé.

SÉVERIN. — Je viens d'avoir une impression fort désagréable.

MESSÉNIS. — Quoi donc?

JULIANE. — Raconte-nous!

SÉVERIN. — Il m'a été prouvé que Baptiste, ton premier domestique...

JULIANE. — Eh bien?

SÉVERIN. — C'est un voleur.

JULIANE. — Oh!

MESSÉNIS. — Tu as découvert?

JULIANE. — Comment supposes-tu? Qu'est-il arrivé?

SÉVERIN. — J'avais reçu en paiement, je ne sais où, il y a quelque temps, un billet de banque de cent francs, qui était taché, déchiré, mal raccommodé! Je ne lui avais pas fait place dans mon portefeuille. Je l'avais mis de côté. Il traînait là-haut sous des paperasses, avec des factures, des lettres. Or, à la minute, faisant la monnaie de cinq cents francs au bureau de poste, je proteste contre la saleté d'une des coupures que l'on m'alignait. L'employée me réplique que je peux bien l'en débarrasser puisqu'elle lui a été passée avant-hier, pour prix d'un mandat, par le maître d'hôtel du manoir de Chazay... J'examine de plus près: je reconnais, à ses particularités, le billet que j'avais détenu. J'y retrouve à leur place les taches de graisse et même de sang, comme il s'en attrape en réglant la note sur un comptoir de boucher... Voilà les faits. Y a-t-il deux manières de les interpréter?

JULIANE. — Cela me semble significatif, évidemment...

MESSÉNIS. — Ce domestique ne vous avait-il jamais inspiré de soupçons?

JULIANE. — Jamais!

SÉVERIN. — Je l'ai eu jadis pour ordonnance... C'est moi qui l'avais recommandé à ma sœur... qui l'ai casé chez elle...

MESSÉNIS. — Mais, parbleu, oui! je le connais bien!... Baptiste est presque un ami: tout à l'heure, en m'introduisant dans ce salon, il me reprochait que l'on ne m'eût point vu depuis plus d'un mois!

JULIANE. — Je suis suffoquée...

MESSÉNIS. — Attendez de savoir ce qu'il aurait à répondre.

SÉVERIN, apercevant Baptiste qui apporte le thé. — L'attente ne sera pas longue.

JULIANE, à Séverin. — Oui, éclaircis la chose tout de suite.

Scène VIII

LES MÊMES, BAPTISTE

Un silence règne tandis que le domestique procède à l'installation du thé.

SÉVERIN. — Baptiste?

BAPTISTE. — Mon commandant?

SÉVERIN. — Sur la console de ma chambre, il y a une grande potiche contenant des papiers divers. Va fouiller là dedans, et rapporte-moi un billet de cent francs que j'y ai laissé.

BAPTISTE, interloqué. — Un billet de cent francs...

SÉVERIN. — Tu as l'air de ne pas comprendre?

BAPTISTE, se ressaisissant. — Si, mon commandant, j'y vais.

SÉVERIN, le retenant. — Ça ne serait pourtant pas la peine de te déranger, si tu avais lieu de croire que ce billet n'y est plus.

BAPTISTE, troublé à nouveau. — Comment cela?

SÉVERIN, le pressant de questions. — Tu ne sais pas qu'on me l'a pris?

BAPTISTE, essayant de faire contenance. — Non.

SÉVERIN. — Pour acheter un mandat-poste?

BAPTISTE, maintenant décontenancé. — Un mandat-poste?

SÉVERIN. — Tu ne sais pas qui est le voleur?

BAPTISTE. — Le voleur!

SÉVERIN. — Moi, je le sais!

BAPTISTE. — Ah!

SÉVERIN. — J'ai retrouvé ce billet. Il m'est revenu par la personne qui, voici deux jours, l'avait reçu de toi!

BAPTISTE, accablé. — Mon commandant...

SÉVERIN. — Oui ou non, est-ce que tu avoues?

BAPTISTE. — Oui.

SÉVERIN. — Tu t'es dit que j'avais égaré cet argent, que j'en avais perdu le souvenir, et que, par conséquent, tu ne risquais rien?

BAPTISTE. — Ça doit avoir été quelque chose comme cela!

SÉVERIN. — Toi! un ancien soldat! un serviteur de longue date, qui avais notre estime à tous, notre familiarité cordiale! toi, tu pratiquais ici le vol!

BAPTISTE. — Oh! je n'avais pas l'habitude, non! Je ne suis coupable que de cette faute... Ça été un instant de folie.

SÉVERIN. — Comment es-tu arrivé à tant de bassesse? Qu'est-ce qui a pu te faire agir en malfaiteur?

BAPTISTE. — Toutes mes économies avaient passé dans le mauvais mariage où se trouve ma fille. Quand elle m'a écrit que son propriétaire allait la faire expulser, que sa dernière ressource était décidément de se jeter à l'eau avec son enfant...

SÉVERIN, un peu radouci. — S'il en est ainsi, ta culpabilité prend un autre aspect. On ne peut tout de même pas nier qu'elle existe.

BAPTISTE. — Oui. Je mérite d'aller en prison. Que mon commandant fasse de moi ce qui est dû.

SÉVERIN. — J'ai été avec toi sous le feu de l'ennemi, à recevoir des balles pour le même drapeau. Je ne te livrerai pas à l'infamie publique.

BAPTISTE. — Je remercie mon commandant de me faire grâce. Mais si, au moment de la faute, j'avais entrevu ce que ça me ferait de passer en jugement devant lui... devant madame Béreuil... devant monsieur Messénis!... Ah! bien! Je m'en serais remis pour ma fille à Dieu, quitte à moi de la rejoindre aussitôt, la tête la première!

SÉVERIN, voulant se soustraire à de l'émotion. — Laissons cela. Ne prolongeons plus. Retire-toi.

BAPTISTE, à Juliane. — Quand madame veut-elle que je parte?

JULIANE. — Continuez votre service jusqu'au retour de mon mari. Il réglera votre compte.

Baptiste sort.

Scène IX

JULIANE, MESSÉNIS, SÉVERIN

SÉVERIN, à Messénis. — Je m'excuse, mon cher, de t'avoir fait assister à cette fâcheuse petite scène...

MESSÉNIS. — Je comprends très bien que tu aies voulu te délivrer l'esprit immédiatement.

JULIANE, à Messénis. — Oui, n'est-ce pas? C'était pour Séverin et moi une question si énervante...

SÉVERIN, pressé de dissiper un malaise commun. — Assez sur ce sujet, Juliane! En voilà trop! Occupe-toi, s'il te plaît, de préparer nos tasses.

JULIANE, s'empressant. — Avec plaisir, tout de suite... Combien de sucre, Messénis?

MESSÉNIS, la rejoignant. — Il ne fallait pas vous déranger, je peux bien me servir moi-même.

JULIANE, revoyant sur le guéridon les objets que Gaëtan y a déposés. — Allons, bon! Mon mari a oublié ces choses, qu'il avait mises là pour les emporter avec lui.

SÉVERIN. — Qu'est-ce que c'était?

JULIANE, y regardant. — Ses journaux... Son étui à cigares... son revolver.

SÉVERIN. — Rien de tout cela n'était de première nécessité.

JULIANE. — Lorsque Gaëtan est en automobile, la nuit, j'aime à savoir qu'il est armé.

MESSÉNIS. — Oh! voyons, les routes ne sont pas infestées de brigands!

JULIANE. — Vous venez de constater que, même chez soi, on avait des gens dont on ne se défiait pas assez.

MESSÉNIS. — Puisque vous en reparlez, je ne vous cacherai pas que les réponses du malheureux, sa sobriété de langage, cette façon de n'avoir eu ni génuflexions, ni grimaces... enfin, par tant de simplicité, il m'a ému!

JULIANE. — Moi aussi!... Je suis encore tout oppressée... Ah! la triste chose!

SÉVERIN. — Il n'est pas question, bien entendu, de laisser cet homme sans secours, avec le surcroît de misère qu'il nous a dit être à sa charge!

JULIANE. — Certes! on observera, de la manière la plus large, ce que la charité commande!

MESSÉNIS. — Vous n'envisageriez pas la possibilité d'un pardon complet?

SÉVERIN. — Qu'est-ce à dire?

MESSÉNIS. — J'entends par là que vous feriez peut-être une bonne action en ne congédiant pas ce malheureux coupable.

JULIANE, se récriant. — Garder à mon service quelqu'un dont je sais à présent qu'il n'est pas d'une probité sûre!

SÉVERIN. — Messénis, tu ne songes pas à ce que tu proposes!

MESSÉNIS. — Ma carrière d'avocat m'a fait rencontrer bien des âmes plus ou moins fautives. Cela m'a enseigné à distinguer, parmi tant de natures diverses, quelles sont celles qui ne récidiveront pas. Votre domestique ne s'est démoralisé que par des circonstances exceptionnelles.

JULIANE. — Il n'avait qu'à recourir à la générosité de Séverin, ou à moi... Ça, c'est la première idée qui serait venue à une conscience honnête.

SÉVERIN. — Voilà qui est la saine vérité!

MESSÉNIS. — A la perspective d'ennuyer ses maîtres par le récit de ses malheurs, Baptiste a été gauche, lourdaud, il a eu la sottise d'un subalterne, la craintive discrétion d'un inférieur. L'appel de sa fille le pressant, une facilité s'offrant, il a perdu l'équilibre entre les suggestions de la probité et celles de la paternité. Il a obéi au sentiment le plus impérieux.

SÉVERIN, dans un éclat de gaieté ironique. — Et il m'a volé mes cent francs! Il m'a volé méritoirement, paternellement! Il m'a volé comme un saint!... Bravo! maître Messénis, éloquent interprète des accusés, sublime défenseur! Eh bien, veux-tu que je te dise ce que je regrette pour ta gloire: c'est que Baptiste, pendant qu'il y était, ne m'ait pas en outre égorgé!

JULIANE. — Ça devenait une plaidoirie bien plus belle!

MESSÉNIS. — Amusez-vous à mes dépens! Je n'y vois pas d'inconvénient.

SÉVERIN. — Mais oui! Mais oui! Comme je n'aurais plus été là pour contredire, on faisait de moi l'antipathique victime, la fausse victime. On me donnait les traits du méchant maître si redoutablement avare que son serviteur ne se serait jamais permis d'en implorer la moindre assistance. De telle sorte que le pauvre assassin, dans sa timidité, avait été réduit à me couper le cou, avec son pauvre couteau!

MESSÉNIS. — Raille toujours!

JULIANE. — Je vois le tableau, Messénis: vous arrachiez les larmes au jury. La salle entière vous acclamait. On portait Baptiste en triomphe et on vous nommait député!

MESSÉNIS. — Allez! allez!... Je vous revaudrai ces ironies.

JULIANE. — Mais aussi, c'est votre faute, mon ami! Vous devriez deviner quelle répulsion ressent une femme de mon espèce à l'égard des individus atteints de quelque malpropreté morale... Tenez, à la pensée que l'un d'eux a longuement vécu sous mon toit, qu'il s'est mêlé aux jeux de mes enfants, qu'il portait les mains sur les objets à notre usage, j'ai un frémissement de la peau. Durant l'interrogatoire de ce serviteur infidèle, ma parole! je lui découvrais une physionomie nouvelle, des indications qui m'avaient jusqu'alors échappé... Ah! si l'on était attentif on lirait d'avance, on lirait tout sur les visages!

MESSÉNIS. — Le fait est qu'il se rencontre parfois des types prodigieusement caractéristiques. (Indiquant un des journaux oubliés par Gaëtan.) N'est-ce pas l'*Illustré* d'aujourd'hui que vous avez là?

JULIANE. — En effet.

MESSÉNIS. — Je peux déchirer la bande?

JULIANE. — Faites donc.

MESSÉNIS, ouvrant le corps du journal et souriant d'y voir un portrait. — Que dites-vous de ce physique-là?

JULIANE. — L'horreur!

SÉVERIN. — Ce doit être le monstre qui passe aux assises en ce moment.

MESSÉNIS, insidieusement. — Qui a massacré une dizaine de personnes?

JULIANE. — Il porte bien ses crimes dans sa mâchoire... dans ses narines féroces...

MESSÉNIS. — Eh bien, j'ai le regret de vous objecter que vous faites erreur. Vous êtes devant un tout autre personnage.

JULIANE. — Qui donc?

MESSÉNIS. — Le lauréat du prix Nobel pour la paix.

SÉVERIN. — Allons donc!

MESSÉNIS. — Consulte l'inscription. D'ailleurs, le portrait que je vous montre a été relégué en troisième page... Le défonceur de crânes, le buveur de sang a sa place d'honneur en première page. Voyez un peu ses bonnes joues, son air de grand-papa...

JULIANE. — Vous m'agacez!

MESSÉNIS, à Séverin. — C'était bien à mon tour de me moquer un peu, il faut que tu le reconnaisses?

SÉVERIN. — Ma foi, non!... J'ai les mêmes intransigeances que Juliane. N'en déplaise à tes sophismes, à tes raisonnements anarchistes. Je suis, moi, naïvement attaché à ces bons vieux principes qui ont été dictés aux hommes sur le mont Sinaï. C'est de là que l'on extrait, depuis cinq mille ans, le minimum de vertu indispensable et d'honneur nécessaire. On nous y a dit: « Tu ne tueras point. Tu ne commettras pas de larcins. Tu ne feras pas de faux témoignages... etc., etc... » Quiconque transgresse un de ces commandements élémentaires retombe, à mes yeux, au rang de la brute et dans l'animalité primitive... Les malfaiteurs me font plutôt l'effet de reptiles. Le contact avec l'un d'eux me répugnerait comme s'il n'avait pas la même température de sang que moi, que toi, que celle de l'humanité normale.

JULIANE. — Bien dit, Séverin!... Respecter la vie et l'argent d'autrui, c'est la première base de tout; on ne peut entrer là-dessus en arrangements ni faire des subtilités!

SÉVERIN, à Messénis. — Tu l'entends?... Dis que nous sommes démodés. Pense de nous ce que tu voudras.

MESSÉNIS. — Oh! je pense que, dans vos idées absolues, vous avez peut-être raison. A moins que ce ne soit moi, dans mes idées relatives.

JULIANE. — Excusez-moi de quitter la discussion. Mais voici l'heure où mes religieuses viennent au manoir faire garnir leurs paniers. Je veux cependant jeter un coup d'œil moi-même sur la récolte qui doit leur être remise.

MESSÉNIS. — N'y manquez pas, chère amie.

JULIANE, à Messénis. — Mais, surtout, ne partez pas avant mon retour?

MESSÉNIS. — Je vous attends, c'est juré.

JULIANE. — D'ailleurs, je serai ici dans un instant.

Elle sort.

Scène X

MESSÉNIS, SÉVERIN

MESSÉNIS. — Maintenant que nous sommes seuls, mon bon Séverin, je te ferai une réflexion dont il ne faut pas que tu te formalises...

SÉVERIN. — Quoi donc?

MESSÉNIS. — J'avais un malaise, une sorte d'oppression entendant ma chère amie Juliane partager ainsi tes inflexibles doctrines.

SÉVERIN. — Qu'y a-t-il en cela pour te troubler?

MESSÉNIS. — Ah çà! voyons, tu n'ignores pas que son mari la trompe abominablement.

SÉVERIN. — Oh! abominablement, c'est le mot.

MESSÉNIS. — Eh bien, à cause de cela, tu rendrais un meilleur service à ta sœur en lui inculquant plus de philosophie vis-à-vis des défaillances humaines. Mais oui! Elle serait ainsi mieux préparée au choc qu'il lui faudra supporter le jour où elle aura découvert toute l'indignité de l'homme à qui elle engage sa foi.

SÉVERIN. — Ah! cela serait pour elle un affreux écroulement d'illusions!... Pauvre Juliane! Je frémis rien que d'y songer... Elle est une âme si noblement passionnée! Oh! non! Il ne faut pas qu'elle apprenne! Je mettrai tout en œuvre pour empêcher qu'elle se doute jamais!

MESSÉNIS. — Comment y réussirais-tu? Ton beau-frère est devenu d'une telle imprudence! Il ne se retient plus à présent de s'afficher avec cette femme!

SÉVERIN. — Tu les as vus ensemble?

MESSÉNIS. — Je sais qu'on les a dernièrement signalés dans une loge de petit théâtre. Elle portait, parait-il, un collier de perles de deux cent mille francs.

SÉVERIN. — Que me dis-tu! Mais, à ce train-là, le misérable aurait bientôt mis sa femme et ses enfants sur la paille!

MESSÉNIS. — Ce n'est pas d'aujourd'hui qu'il y a commencé. On n'estime guère à moins d'un million l'hôtel avec jardin qu'il a acheté pour la même personne!

SÉVERIN, n'en croyant pas ses oreilles. — Un hôtel d'un million?

MESSÉNIS. — Oui. Aux portes du bois de Boulogne. Elle s'y est installée depuis six mois environ.

SÉVERIN. — Ce que tu me révèles est épouvantable! Jusqu'ici, j'avais entrevu seulement que les dépenses de mon beau-frère excédaient plus ou moins les revenus. Je démêlais bien, par-ci, par-là quelque trafic pour s'octroyer probablement des sommes sur le capital du ménage. Je me bornais à marquer de la froideur au mauvais mari, une réprobation discrète. J'hésitais à soulever une querelle dont les conséquences auraient peut-être ouvert les yeux de Juliane sur la situation... J'ai eu tort assurément de me contenir. Mais permets-moi de te dire que, toi aussi, tu as été mal inspiré en me dissimulant des renseignements si graves, puisque tu les avais.

MESSÉNIS. — Ils m'ont été fournis tout récemment dans la ville d'eaux d'où j'arrive. Ce fut en bavardant avec un financier qui m'a dit avoir de l'argent pour un gros chiffre, entre les mains de Gaëtan Béreuil. Il parlait fort sévèrement de ce dernier qu'il avait mis en demeure de rembourser, et qui ne répondait pas. Ces propos sont de dimanche soir. Celui qui me les tenait est parti le lendemain, ayant terminé sa saison trois jours avant moi... J'avais aussitôt écrit à Juliane que, regagnant Paris, je m'arrangerais pour m'arrêter au manoir de Chazay, aujourd'hui à l'heure du thé! Je lui exprimais, en même temps, le très vif désir de t'y rencontrer... Reconnais donc que mon amitié n'a pas été négligente?

SÉVERIN. — Effectivement. (Lui prenant la main.) Excuse-moi.

MESSÉNIS. — Tu as désormais le moyen de faire à ton beau-frère les plus sévères représentations.

SÉVERIN. — Ah! le triste personnage!... Je vais l'obliger à rompre immédiatement avec cette drôlesse. Je lui montrerai toute l'énergie qui est en moi, tu peux m'en croire, lorsque les êtres que j'adore sont en jeu. Je n'attends plus que de me retrouver face à face avec lui, et je le remets dans le bon chemin, à la force du poignet!

MESSÉNIS, voyant venir Juliane. — Plus un mot, voici ta sœur.

Scène XI

MESSÉNIS, SÉVERIN, JULIANE

JULIANE. — J'ai été plus longue que je n'avais prévu. Mais c'est que j'ai perdu un certain temps à délibérer avec moi-même.

MESSÉNIS. — Sur quel sujet?

JULIANE. — Une lettre arrivait pour Gaëtan, avec la mention, soulignée deux fois, qu'elle était d'extrême urgence. Or, il m'a laissée dans l'incertitude sur la durée exacte de son absence. Je me suis demandé si je ne devais pas prendre connaissance de la communication...

SÉVERIN. — Non pas! Mais non! Cela, jamais! Ça ne se fait pas!

JULIANE. — Cependant, pour le cas où il aurait été nécessaire de lui en télégraphier le sens?

SÉVERIN, inquiet. — De quelle façon as-tu conclu?

JULIANE. — J'ai ouvert la lettre.

SÉVERIN, de même. — Et qu'y as-tu trouvé?

JULIANE. — Une infamie.
MESSÉNIS. — Oh!
SÉVERIN. — Quelle infamie?
JULIANE. — Je devrais plutôt dire une mystification... Mais tellement vilaine!
MESSÉNIS. — Avec signature?
JULIANE. — Non, c'est anonyme, écrit à la machine.
SÉVERIN. — Eh bien, on jette aux ordures ce genre de correspondance.
MESSÉNIS. — Elles ne contiennent jamais que des inepties ou des mensonges.
JULIANE. — Je ne ferai pas l'honneur, en effet, à ce papier-là de le traiter en chose confidentielle, quoiqu'il ne soit pas à mon adresse, je n'aurais aucun scrupule à vous le soumettre. Vous y verriez jusqu'où peuvent aller la démence et la méchanceté de certaines gens. (Tendant la lettre à Séverin.) Veux-tu lire toi-même?
SÉVERIN. — Oui, donne...

Il saisit fébrilement la lettre.

JULIANE. — Lis tout haut.
SÉVERIN, lisant. — « Honoré monsieur, je me fais un plaisir de vous informer que vos commanditaires ont déposé contre vous, ce matin, une plainte en escroquerie et abus de confiance. »
MESSÉNIS. — Il y a ça?
SÉVERIN, répétant machinalement. — En escroquerie et abus de confiance.
JULIANE, à Séverin. — Quoi?... Tu ne prends pas au sérieux cette sinistre plaisanterie?
SÉVERIN, comme se parlant à lui-même. — La lettre est datée du 18... Alors, il y aurait déjà vingt-quatre heures que la justice serait saisie?
JULIANE. — Je ne conçois pas que tu restes ainsi frappé... (A Messénis.) Est-ce que vous croyez possible, vous, que l'on ait réellement fabriqué, contre mon mari, une dénonciation calomnieuse? Une accusation aussi stupide ?
MESSÉNIS. — Il n'y a pas d'empêchement matériel.
JULIANE. — Mais pour en venir à quel but?... La probité de Gaëtan, sa droiture sont universellement connues. La parfaite régularité de son existence... enfin, sous tous les rapports, il est inattaquable.
SÉVERIN, à Messénis, sans s'occuper de ce que dit Juliane. — Me conseilles-tu d'essayer de voir le procureur?
MESSÉNIS. — Tu en tirerais peut-être des renseignements immédiats. Je suis à ta disposition pour t'accompagner.
SÉVERIN. — Soit! Merci! Partons.
JULIANE, à Séverin. — Puisque vous jugez qu'il faut se hâter de faire quelque chose, pourquoi votre premier soin n'est-il pas de rappeler Gaëtan par dépêche?
SÉVERIN, nerveusement. — Ne risquons pas de perdre notre temps à l'attendre.
JULIANE. — Comment cela « perdre notre temps »? Supposes-tu qu'il ne se presserait pas de rentrer?
SÉVERIN. — On ne te dit pas ça!
JULIANE. — Mais que me dit-on, en vérité? On ne me dit rien? Aucun de vous ne m'a répondu de la façon que je réclamais... Si des ennemis à Gaëtan ont tenté, contre lui, une atroce perfidie, vous devriez tout d'abord, vous autres, crier avec moi que cela ne peut l'atteindre. Vous devriez me protester de votre estime pour son caractère, de votre absolue confiance en lui...
MESSÉNIS. — Chère amie!...
JULIANE. — Cette protestation, vous ne l'avez pas eue...
SÉVERIN. — Voyons, ma sœur...
JULIANE. — Vous protesteriez maintenant qu'il vous manquerait d'avoir été spontanés en cela! Ce serait trop tard! Votre attitude à tous deux m'a choquée, blessée!... J'en ai du mal.
MESSÉNIS. — Permettez...
JULIANE. — Non! Non! Je sens chez chacun de vous un fond d'animosité à l'égard de mon mari...
SÉVERIN. — Que vas-tu chercher!
MESSÉNIS. — Je vous en prie!...
JULIANE. — Allons donc!... Allons donc!... D'ailleurs, vous, Messénis, je m'explique qu'une rivalité d'autrefois vous ait laissé une secrète rancune...
MESSÉNIS. — Oh! Juliane!
JULIANE. — Si! vous dis-je, il doit y avoir de cela...
MESSÉNIS. — Je vous jure...
JULIANE. — Mais toi, Séverin, pour ne pas avoir eu un instant d'indignation sur la nouvelle qu'une ignoble insulte aurait été dirigée contre ton beau-frère, à quel sentiment as-tu obéi? Qu'est-ce que Gaëtan t'a fait? De quoi lui en veux-tu?
SÉVERIN. — Tu t'exaltes! Tu divagues!...
JULIANE. — Je te dis qu'aujourd'hui même il se plaignait à moi de tes procédés envers lui...
SÉVERIN. — En vérité!
JULIANE. — Oui. C'est si vrai qu'en partant il a préféré ne pas avoir à te donner la main.
SÉVERIN. — Oh! Je ne l'aurais point félicité assurément d'aller se faire de l'argent avec des terres qui étaient votre propriété commune!
JULIANE. — Ah! tu viens, par ce langage-là, de faire passer en moi un éclair... Ce que tu avais contre Gaëtan, c'étaient ses opérations financières. Tu lui reprochais de mettre la fortune en péril?...
SÉVERIN. — Je n'ai pas à dire non.
JULIANE. — C'est bien cela: tu voyais venir une catastrophe. Tout à l'heure, lorsque tu as eu sous les yeux l'horrible avertissement, tu as bien été sans doute atterré : mais ce n'était pas de la véritable surprise. Tu n'as pas été stupéfait!
SÉVERIN. — Sans m'être attendu à un événement comme celui que l'on nous donne à croire... sans avoir prévu des actes criminels dont je veux douter encore, oui, je blâmais, j'étais irrité!
JULIANE. — A vous aussi, Messénis, des mauvais bruits vous étaient revenus?
MESSÉNIS. — Hélas! oui!
JULIANE. — Apprenez-moi tout ce que j'ignore?... Faites, que je comprenne comment la ruine, le scandale seraient sur nos têtes.
MESSÉNIS. — Ne prononcez pas encore ces mots-là. Ne désespérons pas trop vite. Il se pourrait que cette lettre anonyme ne fût qu'une tentative d'intimidation. Je sais que des gens songeaient à exiger paiement. Mais ils n'en ont peut-être pas le droit, on va voir!
JULIANE. — D'où proviendraient les embarras d'argent dans la banque Béreuil?... Quels sont vos renseignements?
SÉVERIN. — Ton mari jouait très gros jeu au club. Il était lancé à la Bourse dans une foule de spéculations...
JULIANE. — Le malheureux !... Quel démon le poussait! Ce ne sont pourtant pas mes dépenses qui

ont pu l'entraîner! Mais, Séverin, ne me caches-tu rien?

SÉVERIN. — Mais non! Qu'est-ce que tu imagines?

JULIANE. — Je te demande si Gaëtan n'aurait pas eu de maîtresse?

SÉVERIN. — Cela, non!... Ne t'encombre pas de ces idées-là!

JULIANE. — Tu n'as jamais entendu dire qu'il m'ait... trahie? Tu me l'affirmes?

SÉVERIN. — Oui...

JULIANE. — Cela, du moins, me soulage un peu. Maintenant, puissiez-vous mener à bien votre tâche, en attendant son retour... Oui, dépêchez-vous!

SÉVERIN. —Nous serons à Paris pour six heures et demie...

MESSÉNIS. — Nous constaterons sans doute qu'il est tard pour obtenir, dès ce soir, quelque résultat. Mais je te donnerai l'hospitalité cette nuit... Tu seras tout transporté pour que nous nous mettions en mouvement dès la première heure de la prochaine matinée. (A Juliane.) Vous me reverrez demain.

JULIANE, à Messénis. — J'ai été injuste pour vous...

MESSÉNIS. — Ne parlons pas de ça, mon amie...

JULIANE. — Il faut me pardonner. J'ai bien besoin de toute votre affection, car j'ai beaucoup de peine!

Elle éclate en sanglots.

MESSÉNIS. — Oh! Juliane!... (Il lui baise respectueusement les mains.) Je suis à votre service ardemment.

JULIANE. — Avec toi aussi, Séverin, la douleur m'a rendue violente. Veux-tu bien également me pardonner?

SÉVERIN. — Ma Juliane! Je n'ai jamais vécu que pour ton bien-être et celui de tes enfants... Ton bonheur, leur avenir, c'est à cela que j'aurai consacré ma vie! et c'est pour cela que je vais me prodiguer entièrement!

JULIANE. — Le sort de Gaëtan, je te le confie avec le nôtre.

SÉVERIN. — Je ferai pour notre bonheur et pour sauver le sien tout ce qui sera en mon pouvoir, tout!

JULIANE, à Séverin. — Va! (A Messénis.) Allez! (A chacun d'eux.) A demain! A demain!

RIDEAU

ACTE II

Même décor.

Scène première

BAPTISTE, puis JULIANE

Il est entré ayant un carnet à la main. Ne trouvant personne, il a hésité, et finalement il dépose le carnet sur le bureau. Au moment où il va se retirer, Juliane paraît, sortant de chez elle.

BAPTISTE. — Je cherchais justement madame...

JULIANE. — Mon frère n'est pas revenu de Paris?

BAPTISTE. — Non.

JULIANE. — J'avais cru l'entendre... Quelle heure est-il?

BAPTISTE. — Deux heures et demie.

JULIANE. — C'est bien. Laissez-moi.

BAPTISTE. — Ce que j'avais à remettre, c'était mon livre de comptes.

Il indique l'endroit où il l'a placé.

JULIANE. — Je vous ai dit que mon mari le réglerait à son retour de voyage.

BAPTISTE. — Je voudrais être parti auparavant.

JULIANE. — Pour quel motif?

BAPTISTE. — Il me serait trop pénible d'avoir affaire à monsieur.

JULIANE. — Pourquoi donc?

BAPTISTE. — Ses observations m'ont toujours glacé. Je crains celles qu'il pourrait me faire sur l'acte que j'ai commis.

JULIANE, dans une dénégation morne. — Ça ne se produira pas.

BAPTISTE. — Puisque madame en répond, je n'ai pas à redire. (Il reprend son carnet.) ... Mais il ne faudrait pas qu'elle croie que c'était de la mauvaise révolte qui parlait en moi?

JULIANE. — Je n'ai fait aucune supposition.

BAPTISTE. — Parce que, vraiment, quand ç'a été, hier, mon commandant qui m'a dit mes vérités, je ne lui en ai eu que de la reconnaissance... Je sentais dans sa colère un reste encore de la bonté qu'il m'a tant de fois témoignée... Madame aussi, de tout temps, a été très bonne à mon égard... Si! Madame, si!... J'en ai l'espérance qu'après mon départ elle conservera un peu de miséricorde pour moi dans son jugement.

JULIANE, nerveusement. — Je ne vous juge pas... J'ai fini d'y songer... c'est trop difficile de vouloir rendre la justice à chacun selon les torts et les mérites... Je ne m'en charge point... Je n'y veux pas penser... Retournez à votre ouvrage... Allez! mon pauvre garçon!...

BAPTISTE, très ému par ce mot de clémence. — Oh! Madame!

JULIANE, plus énervée encore et l'expédiant. — Allez!... Allez!...

BAPTISTE. — Oui, madame.

Il sort.

Scène II

JULIANE, SÉVERIN

JULIANE. — Ah! Séverin! C'est toi, enfin! (Elle se jette dans ses bras.) ... Apprends-moi vite où nous en sommes? Qu'as-tu fait? Que s'est-il passé?

SÉVERIN, avec une mine fermée. — Grâce aux relations qu'a Messénis dans le personnel judiciaire, nous avons été facilement reçus par celui qui est chargé de l'affaire.

JULIANE. — Et qu'en est-il résulté? Quelle impression me rapportes-tu?

SÉVERIN, de même. — Il me manque de savoir ce que Béreuil aurait à faire valoir de son côté.

JULIANE. — Aussitôt que tu m'eus quittée, à la fin de la journée d'hier, je lui ai télégraphié de rentrer ici sans délai. Il ne peut donc pas tarder... Mais tu n'as pas besoin de sa présence pour me fixer sur bien des points!

SÉVERIN, de même. — Je suis à ta disposition, évidemment, quoique je ne sache guère par où commencer...

JULIANE. — Cette plainte contre Gaëtan dont il était question...?

SÉVERIN. — Cette plainte existe.

JULIANE. — Et les magistrats y ont attaché quelque importance?

SÉVERIN. — Oui.

JULIANE. — Oh!... Comment peuvent-ils!... Sur quelle base? Sous quel prétexte?

SÉVERIN. — Les plaignants sont notables dans le monde des affaires... On ne saurait présumer qu'ils aient avancé leur signature à la légère.

JULIANE. — Mon frère, si Gaëtan avait eu le sentiment de s'être mis dans un mauvais cas, nous l'aurions vu préoccupé, fiévreux!... Mais vingt-quatre heures ne se sont pas écoulées, depuis qu'il m'a dit au revoir, avec un son de voix si naturel, avec un regard si clair!... Allons donc!... quand je me représente son allure dégagée, sa liberté d'esprit, j'ai de quoi me tranquilliser pleinement, malgré tout ce qu'on a pu te raconter!

SÉVERIN. — L'argument que tu donnes là, je l'ai opposé, moi aussi, au magistrat.

JULIANE. — Et, à cela, qu'a-t-il répliqué?

SÉVERIN. — Il a secoué la tête, ironiquement, dédaigneusement. J'en ai conclu qu'il avait déjà remarqué souvent ces états d'inconscience ou de fatalisme chez beaucoup d'autres coupables!

JULIANE, s'énervant à nouveau. — D'autres coupables, dis-tu? comme si Gaëtan, pour sa part, en était un, lui, décidément!... A présent, tu t'exprimes de la même façon que si la culpabilité de ton beau-frère ne faisait plus doute pour toi, non plus?

SÉVERIN. — Du calme, Juliane, je t'en prie!

JULIANE, sans avoir égard à l'objurgation. — Tout à l'heure, au contraire, tu insistais sur la nécessité de l'entendre avant tout! Tu lui réservais le droit de réfuter ce qui l'accuse, de se défendre auprès de nous, le droit de nous convaincre qu'il est innocent!... De quoi t'autorises-tu maintenant, pour passer condamnation?

SÉVERIN. — J'avais tenté vis-à-vis de toi, c'est vrai, de gagner du temps... Il est si douloureux pour moi d'avoir à te faire mal!... Mais, devant l'état d'erreur où tu es, je me reproche de ne pas mieux t'aider à en sortir. J'ai honte de ma lâcheté!

JULIANE. — Je n'ai jamais souhaité que tu me berces d'illusions. Ce que je veux, c'est être mise en face de la réalité. N'hésite plus: parle franchement!

SÉVERIN. — Tu es si déprimée! si terriblement pâle!

JULIANE. — Oui, j'ai le cœur dans un étau! Depuis que cette histoire a commencé, je ne respire plus!... Mais puisque je ne suis pas devenue folle, cette nuit — du moment que, dans l'attente où je suis de tes paroles, je ne tombe pas morte en cette minute-ci — c'est que j'ai la force de résister à tout!... Ne me fais plus attendre quelles sont les preuves que l'on a placées sous tes yeux! Fournis-les-moi! Donne-les! Donne!

SÉVERIN, résolu désormais. — Soit!... Voici: en premier lieu, le dossier contient un exposé des griefs, qui est tout à fait saisissant...

JULIANE, ne se rendant pas déjà. — Et puis?

SÉVERIN. — Viennent ensuite un certain nombre de pièces justificatives, se référant à l'abus de confiance, aux escroqueries...

JULIANE, de même. — Après?

SÉVERIN. — On a, en outre, plusieurs lettres de Béreuil, écrites de sa main...

JULIANE, cette fois anxieuse. — Ah!

SÉVERIN. — Ces lettres répondaient à des demandes d'explications, à des réclamations menaçantes... Elles sont pleines de promesses vagues, de phrases ambiguës, d'échappatoires. En un mot, elles sont un tissu de fourberies!...

JULIANE, dans une protestation de douleur. — Séverin! Au nom du ciel!

SÉVERIN, répétant le mot avec force. — C'est d'une telle fourberie, te dis-je, qu'en écoutant cela le rouge m'est monté au front!...

JULIANE, tordue par l'angoisse. — Tu as peut-être mal interprété, mon frère? Quoi d'impossible à ce que, les uns et les autres, vous ayez fait de fausses déductions?

SÉVERIN, lui prenant les poignets. — Juliane, on m'a enfin donné connaissance d'une dernière page, toujours de son écriture à lui: c'était un recours suprême au principal commanditaire, c'était une supplication lamentable! Cette fois-là, c'était l'aveu.

JULIANE, atterrée. — L'aveu?

SÉVERIN. — L'aveu formel, l'aveu définitif! Le criminel se confessait, demandait grâce, offrait des garanties mensongères...

JULIANE. — N'ajoute plus rien: je suis écrasée.

SÉVERIN. — Oh! ne me maudis pas pour la souffrance que je te cause!...

JULIANE, se ressaisissant. — Tu ne pouvais pas me l'épargner. Tu as bien fait. Ma conduite à moi est tracée: je me dépouillerai autant qu'il faudra pour acquitter tout ce qui est dû...

SÉVERIN. — Malheureuse! Tu n'as donc pas encore compris que je me suis vu devant un gouffre! Tes biens vont s'y engloutir comme y sont déjà disparus ceux de ton mari. Mais par là-dessus, les détournements atteignent un chiffre fantastique! On ne pourrait les rembourser; on ne paiera pas. La banqueroute est inévitable!

JULIANE. — Je te dis que l'on fera bravement son devoir: Gaëtan et moi, nous souscrirons les engagements nécessaires. Mes pauvres enfants lutteront avec nous contre la misère. On travaillera pour réparer, pour se libérer...

SÉVERIN. — Tu fais un rêve, hélas! Ce n'est qu'un rêve!... Les moyens manquent, et tout d'abord aussi les délais.

JULIANE. — Comment! Des infortunés qui n'ont plus rien dans le présent et qui promettent tout l'effort de leur avenir, on ne leur accorderait pas le répit dont ils ont besoin pour bien faire? Quels sont les gens qui voudraient exiger au delà des forces humaines? Que gagneraient les créanciers à briser nos chances de relèvement?... Ils perdraient tout!

SÉVERIN. — Ne t'égare pas dans les hypothèses!...

Juliane, ma chère Juliane, ne te grise pas de mots!... Ecoute plutôt: mon premier soin auprès de la justice fut de déclarer que j'étais prêt à verser le reste de mon patrimoine à ceux qui ont porté plainte...

JULIANE. — Ah! Séverin, je suis bien certaine que tu as dit cela!... Il t'est si naturel à toi de toujours t'immoler pour moi, que, par un remerciement, il me semble que je t'étonnerais. Je me borne, tu vois, à pleurer de reconnaissance.

Elle a fondu en larmes.

SÉVERIN, *l'embrassant.* — Allons! garde ta fermeté pour m'entendre encore: j'avais donc exprimé l'intention de faire immédiatement des démarches auprès des intéressés afin d'obtenir leur désistement, en considération de mon attitude... Messénis annonça aussitôt qu'il ferait un sacrifice considérable... Il est riche, et put parler d'une grosse somme.

JULIANE, *avec une nouvelle crise de larmes.* — Oh! Messénis!... Messénis!... quelle bonté aussi!

SÉVERIN. — On répliqua que, même si les plaignants retiraient leurs plaintes, les poursuites seraient néanmoins exercées...

JULIANE. — Quoi? S'il te plaît? Tu dis?

SÉVERIN. — Oui, l'affaire est considérée comme trop grave pour être supprimée. Le ministère public la continuerait tout seul, au besoin, pour son propre compte.

JULIANE. — Oh! Séverin!... Est-ce possible?

SÉVERIN. — Quand Messénis m'aura rejoint auprès de toi, il te confirmera que nous nous sommes vraisemblablement heurtés à ceci: Béreuil a toujours fait de la politique. Par des candidatures, par des subventions à la presse opposante, il s'est classé en chaque circonstance, comme un adversaire irréconciliable du régime. On ne renoncera pas à compromettre avec lui le parti dans lequel il s'est rangé. On ne lui épargnera aucune rigueur de la loi. C'est l'opprobre sur nous tous! l'ignominie!

JULIANE. — Et pour lui, c'est la prison? *(Séverin ne répond point.)* C'est la prison, n'est-ce pas?

SÉVERIN. — Elle l'attend, oui.

JULIANE. — Oh! Non! Non! Pas cela!... Mon frère, toi, si estimé partout, tu vas trouver une protection à faire intervenir?... Toi, si tendre pour moi, si dévoué! toi, si vaillant, tu ne vas pas renoncer aux tentatives pour que cette honte soit écartée de lui et de nous! Dis-moi que tu vas remuer ciel et terre?

SÉVERIN. — Que puis-je?... Que veux-tu que je fasse?... Fournis-moi une idée, et j'y marche, de toute mon âme!

JULIANE, *s'interrompant de l'écouter et désignant la porte de l'antichambre.* — Ecoute!... Quel est ce bruit, par là?... Qu'est-ce qui se passe?

SÉVERIN, *ayant été tendre l'oreille.* — C'est ton fils et ta fille qui rient à gorge déployée...

JULIANE. — Oh! Joachim! Noémi!... Mes petits!...

SÉVERIN, *nerveusement.* — Qu'est-ce qu'ils ont à être si joyeux?

JULIANE, *excédée.* — Ah! fais-les taire, je t'en prie... *(Arrêtant Séverin qui se dirige vers la porte.)* Non! ne leur ouvre pas tout de suite!... Laisse que je sois partie... Je suis trop bouleversée pour les revoir en ce moment... Occupe-toi d'eux. Veille à ce qu'ils ne me cherchent pas.

SÉVERIN. — Je m'en charge.

JULIANE. — A bientôt.

SÉVERIN. — Où vas-tu?

JULIANE. — A l'église. Je vais prier.

Elle sort par la porte de son appartement.

Scène III

SÉVERIN, NOÉMI, JOACHIM

SÉVERIN, *allant les introduire.* — Que faites-vous dans l'antichambre? *(Noémi et Joachim, en tenue de tennis, la raquette à la main, entrent, riant toujours.)* Que signifiait ce tapage?

NOÉMI. — Demandez à Joachim, mon oncle!... Moi, je ris trop!...

Elle se jette dans un fauteuil pour s'y pâmer de rire.

SÉVERIN, *agacé, à Joachim.* — Eh bien! voyons! qu'est-ce qui vous inspire tant de gaieté?

JOACHIM, *avec des interruptions de son propre rire.* — Nous nous étions mis à imiter une grosse dame que j'avais pour partenaire, l'autre jour, au tennis.

NOÉMI, *s'étant remise debout et faisant l'imitation.* — Elle avait beau sauter comme un kanguroo...

JOACHIM, *faisant une autre imitation.* — Elle avait beau déployer, en courant, deux ailes de dinde...

NOÉMI. — Elle manquait toutes les balles!

JOACHIM, *à Noémi.* — Je te préviens que si elle veut rejouer aujourd'hui je ne m'associe plus à elle... Tu peux la prendre dans ton camp.

NOÉMI. — Oh! mais non! Merci bien!... *(A Séverin qui est demeuré sombre.)* Mon oncle, veuillez lui dire que les hommes doivent s'imposer d'être toujours galants!

SÉVERIN. — Je vous dirais plutôt, à tous deux, que je déplore vos distractions frivoles, vos habitudes de sport et de snobisme...

NOÉMI. — Oh! mon oncle! qu'est-ce que vous avez contre nous?

JOACHIM. — Vous trouvez mauvais que nous nous rendions chez nos amis du château voisin?

SÉVERIN, *gêné par la crainte d'en trop révéler déjà.* — Non, certes!... Cela n'est pas ma pensée précise... Mais je distingue en vous des natures si fièrement douées que je voudrais vous voir d'autres préoccupations que le plaisir...

NOÉMI, *étonnée.* — Vous ne nous avez jamais réprimandés de la sorte!

JOACHIM, *à Noémi.* — Voyons, Noémi!... Ne connais-tu pas l'oncle Séverin? Il se livre à une combinaison nouvelle pour nous mystifier.

SÉVERIN, *tristement pensif.* — Non, mon bon ami, non... Ce qui est exact, c'est que je souhaiterais de vous sentir, l'un et l'autre, préparés à la vie plus gravement... Sait-on jamais ce que la vie tient en réserve pour chacun de nous?... Quelle est l'aventure imprévue, quelle est l'épreuve, quelle est la mission qui, du jour au lendemain, peut nous guetter ici-bas?

NOÉMI. — Où voulez-vous en venir, petit oncle?... Pour nous prêcher de la sorte, vous êtes-vous mis en tête que Joachim se fasse moine et que je me fasse religieuse?

SÉVERIN. — Je crains que vous ne soyez trop loin de ces vocations!

JOACHIM. — Ma foi, oui!

NOÉMI. — Pour ma part, je n'y ai jamais songé.

SÉVERIN. — Si pourtant l'idée vous venait, un jour, de renoncer au monde, d'expier pour les pécheurs, de racheter les fautes d'autrui, allez, braves enfants, ce n'est pas moi qui vous en dissuaderais!

JOACHIM, *avec malice.* — Ah! bien! Si Noémi annonçait qu'elle veut entrer au couvent, je sais quelqu'un qui pousserait de beaux cris!...

NOÉMI, vivement. — Joachim, tais-toi!

SÉVERIN, à Noémi. — Qu'est-ce qu'il veut dire?

JOACHIM, avec le même enjouement. — Je dis que je connais un jeune homme...

NOÉMI, essayant de lui mettre la main sur la bouche. — Non, Joachim... Méchant garçon !... Je te défends !

SÉVERIN, à Joachim. — Où prends-tu motif à tourmenter ta sœur?

NOÉMI, confuse, à Séverin. — Mon oncle, je vous en prie, ne l'écoutez pas!

SÉVERIN, dans une affection anxieuse. — Non, je ne l'écoute pas. Mais je te regarde, chère mignonne, et je te vois palpiter!

JOACHIM, d'un air capable. — Ça fera un très gentil ménage... (S'étant acheminé vers la sortie par le perron.) Allons, Noémi, viens-tu?... Le match doit commencer dans un quart d'heure.

NOÉMI, pressée de se dérober. — Je te suis.

SÉVERIN, retenant Noémi. — Un instant, s'il te plaît?

Séverin : « *Je ne l'écoute pas. Mais je te regarde, chère mignonne, et je te vois palpiter!* » — Page 13.

JOACHIM, toujours gaiement. — Ne voyez-vous pas que, si j'ajoutais un mot, elle m'arracherait les yeux?

NOÉMI, affectant maintenant l'indifférence. — Oh! tu peux bien raconter ce que tu voudras, je me moque de tes propos!

SÉVERIN, à Joachim. — Alors, en finiras-tu?

JOACHIM. — Tout simplement, je faisais une petite plaisanterie sur les fils des châtelains chez lesquels nous sommes conviés pour cette heure-ci.

NOÉMI, fâchée, à Joachim. — Tu es ridicule!

JOACHIM. — Je jurerais qu'il meurt d'envie de devenir mon beau-frère! (Se rengorgeant avec drôlerie.) C'est très flatteur pour moi!

JOACHIM. — Oh! bien, moi, je pars toujours devant.

Il gagne la porte.

SÉVERIN, à Joachim. — C'est cela. Elle va te rattraper. (Il prend Noémi par les épaules et, très ému.) Confie-toi?

JOACHIM, après être sorti, repassant la tête. — Surette?

NOÉMI, se retournant vers lui, impatientée. — Quoi!

JOACHIM. — Il a de jolies moustaches, hein?

NOÉMI. — Oh! toi!

Elle fait le simulacre de jeter un livre à la tête de Joachim qui disparait.

Scène IV

SÉVERIN, NOÉMI

SÉVERIN. — Est-il vrai que ce jeune homme ait songé à toi?

NOÉMI, frémissante. — Mon oncle, nous n'avons causé d'aucun projet. Mais, lorsque nous faisons partie d'une même réunion, je le crois aussi troublé que moi, aussi content que nous nous trouvions ensemble... On ne peut pas dire qu'il y ait réellement quelque chose entre lui et moi... Il n'y a rien... Il n'y a rien d'autre que ce que je vous dis... Il y a... il y a... Je ne saurais pas expliquer!...

SÉVERIN, avec une immense tristesse. — Oui, chérie, il y a... il y a... il y a que ton cœur te parle tout bas? Tu portes un gros secret dans ton petit cœur?... Pauvre chérie! pauvre chérie!

NOÉMI. — Maman a toujours fait bon accueil à notre jeune voisin. Elle semble favorable à la sympathie qu'il me témoigne, et à celle que je montre pour lui. (Avec câlinerie.) Mon oncle, promettez-moi que vous m'aiderez, si je me heurtais un jour à une opposition de mon père?

SÉVERIN, secoué à ce retour du contact avec la réalité, et avec haine. — Ton père!

NOÉMI. — Oui, en toutes circonstances, j'ai de la disposition à le redouter un peu. C'est avec vous que je suis véritablement familière, indiscrète... Je sens que, si mon père me refusait son consentement, je serais malheureuse à en mourir!

SÉVERIN, effaré. — Oh!

NOÉMI. — Vous me soutiendrez, n'est-ce pas?

SÉVERIN, sombre. — Moi?

NOÉMI, le cajolant. — Oui, vous, mon oncle!... Vous ne voudriez pas voir pleurer votre petite Noémi?...

SÉVERIN, se dégageant, oppressé. — Assez!... Tu me demandes ce qui ne dépend pas de moi!... Détourner de toi la douleur, est-ce que cela m'appartient, quand bien même je le voudrais de toutes mes forces?

NOÉMI. — Là! Là! ne vous fâchez pas!...

SÉVERIN, excédé d'angoisse. — Laisse-moi, te dis-je... Rejoins ton frère. Va-t'en!

NOÉMI. — Oui, je me sauve, à présent, toute pleine d'espérance, car j'ai remis entre vos mains le sort de mon bonheur. (De la porte du fond elle lui envoie un baiser.) Merci!

Elle sort. Séverin ne lui répond que par un geste découragé.

Scène V

SÉVERIN, puis GAËTAN

SÉVERIN, à lui-même. — Encore ça de plus au compte du misérable! Ce tendre rêve qu'il aura rendu irréalisable!... Ce chant d'oiseau qui va s'étouffer dans cette pauvre gorge!... (A Gaëtan, qui entre par la porte de l'antichambre.) Ah! vous voici, vous!...

GAËTAN, se redressant contre l'apostrophe. — Quoi?

SÉVERIN, s'imposant du calme. — C'est la dépêche de Juliane qui vous ramène?

GAËTAN. — Quelle dépêche?

SÉVERIN, froidement encore. — Si vous ne l'avez pas reçue, c'est que vous n'étiez donc pas où votre femme vous croyait. Où étiez-vous?

GAËTAN, avec de l'arrogance. — Cela ne vous regarde pas.

SÉVERIN, froidement toujours. — Je vais pourtant vous le dire. Vous avez passé la nuit dans une villa voisine du bois de Boulogne?...

GAËTAN, impertinent. — Me faites-vous espionner?

SÉVERIN. — La surveillance dont vous pouvez être l'objet, non, malheureusement pour vous, elle n'émane pas de moi: vous appartenez désormais à celle de la justice.

GAËTAN, interloqué. — D'où tenez-vous cela?

SÉVERIN. — Depuis hier, des révélations à votre égard m'ont fait courir au Palais... On m'y a initié à tout ce qui vous concerne.

GAËTAN, renonçant à feindre. — S'il en est ainsi!...

Il a mis ses gants l'un dans l'autre et les a jetés sur le guéridon où se trouvent les objets oubliés la veille par lui.

SÉVERIN. — Je vais vous apprendre où vous en êtes.

GAËTAN, avec accablement. — Epargnez-vous cette peine; les nouvelles que j'ai, moi, datent de moins d'une heure... Oui, étant à Paris, comme vous avez bien voulu le deviner, je me suis avisé après déjeuner de passer par mon domicile. J'y ai trouvé les scellés qui, en mon absence, venaient d'être mis sur divers meubles ou tiroirs.

SÉVERIN, consterné. — Décidément, on mène l'affaire au galop... C'est bien ce que l'on m'avait fait pressentir!

GAËTAN. — Par conséquent, il eût été hors de propos qu'avec vous je tergiverse plus longuement sur l'état des choses.

SÉVERIN. — Et vous êtes accouru vous jeter aux genoux de votre femme, reconnaître vos torts, implorer son pardon, chercher son affection comme un refuge, lui demander peut-être qu'elle vous cache?... (Avec fermeté.) Non! non! Je suis là pour empêcher qu'elle se mêle à votre cause et qu'elle en soit davantage éclaboussée!

GAËTAN, qui a opposé des signes de dénégation à cette série d'hypothèses. — Je souhaite au contraire n'avoir pas actuellement avec Juliane l'explication que vous imaginez... On m'a dit qu'elle était sortie; et je veux m'en être allé avant qu'elle rentre.

SÉVERIN, durement. — Alors, qu'êtes-vous venu faire?

GAËTAN. — J'ai une recherche à effectuer dans mon bureau.

SÉVERIN, de même. — C'est de l'argent que vous venez prendre?

GAËTAN. — Et quand cela serait?

SÉVERIN. — Dans quel but?

GAËTAN. — J'ai besoin de ressources pour recommencer ma vie.

SÉVERIN, avec du sarcasme dans la rudesse. — C'est-à-dire pour gagner commodément l'étranger.

GAËTAN. — Soit! Je ne le conteste pas!

SÉVERIN. — Comme ça, tout doucement, vous vous arrangez de cette conclusion-là?

GAËTAN, ayant recouvré l'insolence. — Qu'avez-vous de mieux à proposer?

SÉVERIN, s'échauffant. — Ainsi, vous vous êtes fait à l'idée que, pendant je ne sais combien de semaines, vous seriez l'objet d'une publicité quotidienne, sur les péripéties de votre fuite?... Quoi!... Selon que la police perdrait vos traces ou se flatterait de les avoir retrouvées, vous admettriez que le scandale s'éternise sur votre nom?... Quoi!... Cet excès de dégradation...

GAËTAN, menaçant. — Ah! mais! dites donc!...

SÉVERIN, *répétant avec plus de force encore.* — Cet excès de dégradation !... Cette existence d'animal pourchassé jusqu'au jour où on lui passe des liens aux membres, vous ne reculez pas devant cela? Vous n'avez pas un hoquet de dégoût?

GAËTAN, *insolemment, à nouveau.* — Votre avis serait-il plutôt que j'aille me constituer prisonnier?

SÉVERIN, *sursautant.* — Non! non!... Oh! non!... Non!... Je ne tolérerais pas que vous fassiez ça! Je me placerais en travers!

GAËTAN. — Il faut pourtant choisir entre la perspective que je me livre ou celle que je me dérobe; il n'y en a pas trois.

SÉVERIN, *avec ses yeux dans les yeux.* — Croyez-vous?

GAËTAN, *dans une expression de défi.* — Plaît-il?

SÉVERIN. — C'est à vous de reconnaître, vous-même, quelles sont toutes les issues qui restent à la situation où vous vous êtes mis.

GAËTAN, *négligemment.* — Pour m'attarder dans ces réflexions, le temps me fait défaut.

SÉVERIN, *dans une vigoureuse insistance.* — Tous les jours, des hommes, quoique innocents, mais qui ont été malheureux en affaires... Tous les jours, entendez-vous, il y a par le monde quelques-uns de ces hommes-là qui ne réclament pas le temps pour réfléchir. Ceux-ci ne s'attardent point à hésiter entre vos deux solutions à vous! Ils n'en voient qu'une de possible... de supportable: une autre!

GAËTAN. — Je me refuse à vous comprendre.

SÉVERIN, *tenace.* — La solution dont je parle est celle qui convient aux gens de votre classe, lorsqu'ils ont pu tomber aussi bas que vous. C'est la suprême chance pour vos pareils de se relever un peu dans le jugement qu'ils inspirent...

GAËTAN, *outré.* — Vos paroles contiennent une pensée abominable!

SÉVERIN, *acharné.* — Que cette pensée n'ait pas été spontanément la vôtre! Qu'elle ne vous soit pas venue dès le premier instant! C'est de votre part une honte de plus!

GAËTAN, *offensif et en bravade.* — Si vous n'avez pas honte vous-même de votre entreprise, pourquoi ces mots couverts? Pourquoi ces circonlocutions? Puisque vous jugez honnête de me suggérer le suicide, ne craignez pas de l'appeler par son nom! Osez donc articuler cela tout haut!

SÉVERIN, *frémissant, mais intraitable.* — Oui, je vous atteste, en mon âme et conscience, que vous n'avez plus qu'à vous tuer.

GAËTAN, *se détournant avec un haussement d'épaules.* — Ma parole! Je n'y songe pas.

Scène VI

LES MÊMES, BAPTISTE

GAËTAN, *au domestique qui entre par la porte du perron.* — Qu'est-ce que c'est?

BAPTISTE. — On désire parler à monsieur...

GAËTAN. — Qui?

BAPTISTE. — L'une de ces deux personnes s'est annoncée comme étant commissaire aux délégations judiciaires... L'autre, qui l'accompagne, n'a rien dit. C'est un individu gros, grand...

GAËTAN, *interrompant.* — Je ne vous en demande pas tant... Répondez à ces gens qu'ils vont être reçus immédiatement.

BAPTISTE. — Bien, monsieur. *(Il sort.)*

Scène VII

SÉVERIN, GAËTAN

SÉVERIN, *implacable.* — Vous n'avez plus une minute à perdre.

GAËTAN, *qui, sous ce coup subit, s'était appuyé d'une main au dossier d'un fauteuil.* — Que me voulez-vous encore?

SÉVERIN, *avec une exaspération qui monte.* — Je veux que la façon dont vous quitterez cette maison n'offre pas le spectacle d'un policier à votre droite et d'un policier à votre gauche!

GAËTAN, *dans le mouvement de se retirer.* — Quelles que soient vos intentions, vous n'avez pas le droit de me dicter ma conduite!

SÉVERIN, *lui interceptant le passage et s'exaltant de plus en plus.* — Je m'adjuge le droit d'empêcher que mon beau-frère se laisse mettre la main au collet, sous ce toit peuplé de souvenirs d'honneur, par les ancêtres de ma sœur et de moi!...

GAËTAN. — Je n'en suis pas à me préoccuper d'eux!

SÉVERIN. — Je vous interdis de vous faire exhiber devant le public des audiences, de tremper dans d'ignobles débats dont seraient salis pour toujours vos enfants, qui sont ma famille!

GAËTAN, *se dérobant à nouveau.* — Finissons cette discussion inutile! Nous n'avons plus rien à nous dire.

SÉVERIN, *s'interrompant avec obstination.* — J'ai à vous redire qu'il n'y a qu'un moyen de faire l'oubli sur votre triste histoire!...

GAËTAN, *même jeu.* — Je suis seul juge de mes décisions!

SÉVERIN, *même jeu.* — Je vous le répète avec la dernière énergie, que vous n'avez de réhabilitation que là dedans.

Il s'est emparé du revolver oublié la veille sur le guéridon. Il l'a tiré de sa gaine, reposé sur la table, et le montre à son beau-frère.

GAËTAN, *haussant les épaules.* — Laissez donc ça tranquille!

SÉVERIN, *s'exaltant.* — Vous avez tout commis! tout mérité!... Le moment est venu!

GAËTAN, *continuant de gagner vers la porte.* — Je ne discute plus avec un fou!

SÉVERIN, *indiquant le revolver à nouveau.* — Prenez ceci!

GAËTAN. — Jamais!

SÉVERIN, *de plus en plus impérieusement.* — Prenez ceci!

GAËTAN, *avec force.* — Assez!

SÉVERIN, *hors de lui.* — Dépêchez-vous, ou je ne réponds plus de moi!

GAËTAN, *se frayant le chemin vers son bureau.* — Ne dites donc pas de bêtises!...

A cet instant Messénis est introduit dans le salon par Baptiste, venant tous deux de la porte de l'antichambre. Leur entrée a échappé aux deux autres personnages qui leur tournent le dos et dont ils entendent avec saisissement la querelle.

SÉVERIN, *rué à sa poursuite, le canon du revolver au creux de la main.* — Une dernière fois!...

GAËTAN, *disparaissant dans le bureau et refermant la porte.* — Adieu! Adieu!

SÉVERIN, *forçant le passage.* — Je ne te lâche pas, coquin!

Il a disparu à son tour. La porte du bureau est brusquement refermée. On perçoit, un certain temps encore des vociférations indistinctes et puis une détonation.

Scène VIII

MESSÉNIS, BAPTISTE

MESSÉNIS, pétrifié. — Ah!

BAPTISTE, dans un bond vers le bureau. — Il faut y aller!...

MESSÉNIS, le retenant violemment par le poignet et comme inconscient. — Quoi?

BAPTISTE, dominé et interrogativement. — C'est mon commandant qui a tiré.

MESSÉNIS. — Taisez-vous, malheureux!... Taisez-vous!... (Il va écouter vers la porte de l'antichambre et regarder par la porte du perron.) Quelles sont ces personnes qui tournent autour de la maison?

BAPTISTE. — Un commissaire et un autre homme de la police.

MESSÉNIS, avec le geste qui exprime qu'alors tout s'explique et ayant jeté un nouveau coup d'œil au dehors. — D'après leur attitude, le bruit leur a échappé!

Scène IX

LES MÊMES, SÉVERIN

SÉVERIN, reparaissant, le visage décomposé. A Messénis. — Ah! tu es arrivé!... Vous étiez entrés ici, toi (Désignant Baptiste.) et lui, depuis quand?

MESSÉNIS, pour le laisser libre de dire ce qu'il voudra. — Nous entrons à l'instant.

SÉVERIN. — Vous n'avez rien entendu?

MESSÉNIS, impassible. — Non.

SÉVERIN, désignant le bureau. — Mon beau-frère est étendu, dans cette pièce, avec une balle dans la tête...

BAPTISTE, vivement. — Il est mort?

SÉVERIN. — Le cœur ne bat plus.

MESSÉNIS, indiquant l'extérieur. — J'ai vu, en effet, qu'on était là pour s'assurer de lui.

SÉVERIN, à Messénis. — A présent, ma sœur peut survenir d'une minute à l'autre. Je me rends à sa rencontre, jusqu'au seuil de l'église où elle est.

MESSÉNIS. — Pendant ce temps, avec Baptiste, je porterai le corps de Béreuil sur un lit.

BAPTISTE. — Dans la chambre de monsieur, oui... Je vais devant, préparer.

Il sort par la porte du bureau qu'il referme.

Scène X

MESSÉNIS, SÉVERIN

MESSÉNIS, sans aucun air d'allusion à ce qu'il a deviné. — Comme ça, nous épargnerons la vue du sang aux yeux de la veuve. Autant que possible, les traces seront effacées.

SÉVERIN, sans confidence non plus. — Oui.

MESSÉNIS, de même. — Quant aux gens de justice qui attendent, je les appellerai à constater lorsque le désordre matériel aura disparu.

SÉVERIN, de même. — C'est bien. (Quittant Messénis, il est allé vers la porte de l'antichambre, mais aussitôt ouverte, il la referme et recule avec angoisse.) Voici Juliane qui vient de ce côté!... Déjà!...

Il a une faiblesse.

MESSÉNIS, l'ayant reçu dans ses bras et avec un discret dévouement. — Veux-tu que je la reçoive?...

SÉVERIN, se redressant et dans un sentiment profond. — Oh! non!... C'est à moi d'assumer jusqu'au bout!

MESSÉNIS. — Fais donc.

Il sort par la porte du bureau et la referme.

Scène XI

SÉVERIN, JULIANE

JULIANE. — Quelle mine tu as, mon pauvre frère!

SÉVERIN. — Oui, sans doute!...

JULIANE. — On ne saurait dire lequel de nous deux est le plus accablé!... A chaque pas qui me ramenait, il me semblait que j'allais tomber en faiblesse...

SÉVERIN. — Ne reste pas debout! (Il la mène à un siège et la soutient pendant qu'elle s'y assied.) Mets-toi dans ce fauteuil, pour que nous causions...

JULIANE. — J'avais présumé que, peut-être, je trouverais auprès de toi Gaëtan.

SÉVERIN. — Cela aurait pu être...

JULIANE. — Pendant que j'étais agenouillée devant l'autel, je me suis demandé si, jusqu'à ce jour, je ne me flattais pas trop de la considération qui nous entourait? N'ai-je pas appelé sur moi le châtiment pour avoir eu quelque excès d'orgueil?

SÉVERIN. — Oh! chère sœur! Ne te reproche rien de pareil!... Tu n'as jamais cessé d'être, en toutes choses, le modèle des vertus.

JULIANE. — Je me tiendrai prête, cependant, à subir docilement toutes les épreuves d'humilité qui se préparent... Je m'associerai absolument au sort de mon mari, s'il advient qu'il soit condamné...

SÉVERIN. — Juliane, je t'en prie, ne vas pas errer dans toutes les suppositions!

JULIANE, avec la ferveur conjugale. — Non, vois-tu, si l'on m'enlève Gaëtan, ma pensée s'attachera plus que jamais à lui! Je vivrai à l'attendre, les yeux pour ainsi dire fixés sur la porte derrière laquelle je saurai qu'on le garde!

SÉVERIN. — Et les enfants?

JULIANE, cherchant le sens de la question. — Mes enfants?

SÉVERIN. — Oui, eux!... Dans ce naufrage où nous sommes, ne sens-tu pas qu'ils sont les victimes les plus navrantes?

JULIANE. — Ah! Laisse-moi croire que, toi et moi, nous ne serons pas impuissants à leur rendre courage? à retrouver pour eux les chances peut-être du bonheur?

SÉVERIN. — Je sais qu'un projet de mariage a commencé de naître dans l'âme de Noémi...

JULIANE. — Hélas! je n'ignore pas non plus qu'elle s'est éprise!... Hélas! hélas!

SÉVERIN. — Et cette carrière militaire que Joachim préparait si allègrement? cette vocation où l'on ne doit respirer que l'honneur, comment pourra-t-il y donner suite?

JULIANE, douloureusement. — Mon frère, n'as-tu pas pitié de moi? Tu avives, une à une, mes angoisses! Pourquoi me supplicier?

SÉVERIN. — Je t'indique que les existences de ces deux jeunes êtres, ces existences toutes neuves, toutes pures, ce sont celles-là dont il s'agit de sauver l'avenir...

JULIANE, avec un geste désespéré. — Par quel miracle!

SÉVERIN. — Ce qui écraserait dans l'œuf les divulgations déshonorantes... Ce qui produirait bientôt le silence, l'oubli... Ce qui conserverait une possibilité pour ta fille de former, un jour, l'union rêvée... Ce qui permettrait, plus tard, à ton fils de porter dignement l'épaulette... Juliane ! ce serait si leur père, mis en face de son irrémédiable déchéance, discernant qu'il n'a plus rien de bon à faire ici bas...

JULIANE, bouleversée. — Au nom du ciel, n'en exprime pas davantage! Ne formule pas un chose horrible!... Je frissonne à l'idée que, si Gaëtan était ici, tu aurais osé sans doute lui faire entendre ça!... Et qui sait si, moi absente, tu ne parviendrais pas à le déterminer!

SÉVERIN. — As-tu donc renoncé pour lui à toutes les qualités fières que tu lui attribuais? Dans l'intérêt des sentiments qui te restent à son égard, dans ton besoin d'avoir encore une estime pour lui, ne devrais-tu pas aimer mieux qu'il fût sorti de l'abjection par un geste noble?

JULIANE, coupant court, impérieusement. — Plus un mot là-dessus, te dis-je!... qu'il n'en soit pas question un instant de plus!

SÉVERIN, avec douceur et obstination. — Puisque, toi et moi, nous parlons, il est pourtant nécessaire que nous prévoyions toutes les éventualités...

JULIANE, prenant un éveil. — Pourquoi cette insistance?

SÉVERIN, prudent, gêné. — Mais parce que...

JULIANE, même jeu que précédemment. — Parce que?

SÉVERIN, même jeu aussi. — Enfin, ne se peut-il pas toujours...?

JULIANE. — Qu'est-ce qui se peut toujours?... (Séverin esquisse un geste vague.) Tu deviens muet?... Tu m'alarmes? que me caches-tu?

Elle s'est levée, elle s'agite.

SÉVERIN. — Je t'en supplie, ne t'énerve pas. Je te disais...

JULIANE, dans une soudaine découverte. — Séverin, tu m'as trompée!

SÉVERIN. — Quoi?

JULIANE. — Tu prétendais que mon mari n'avait point reparu ici...

SÉVERIN. — Eh bien?

JULIANE. — Voici les gants qu'il avait aux mains, hier en partant!

SÉVERIN. — Oui, la vérité est que, d'abord, j'ai voulu...

JULIANE, sans l'écouter et dans un cri aigu. — Ah!

SÉVERIN, effaré. — Qu'as-tu?

JULIANE, saisissant et retournant l'étui du revolver. — L'arme qui était là dedans n'y est plus!

SÉVERIN. — Juliane!

JULIANE. — Est-ce Gaëtan qui l'a prise pour se tuer?

SÉVERIN. — Ma sœur, écoute-moi!

JULIANE. — Pour l'amour de Dieu, dis-moi oui ou non!... Dis-moi tout... Où est Gaëtan?

SÉVERIN. — On l'a transporté sur son lit.

JULIANE. — Il n'est pas mort?

SÉVERIN. — Si!

JULIANE. — Oh ! l'horreur !... (Se débattant contre l'étreinte de Séverin.) Je veux le voir!

SÉVERIN. — Pas tout de suite.

JULIANE. — Je veux!... Je veux!...

SÉVERIN. — Pas maintenant, non!

JULIANE, gémissante. — Tu me brises les poignets !

SÉVERIN. — Tu le verras plus tard, quand il n'aura plus à son chevet les gens venus pour l'arrêter!

JULIANE, tombant dans les sanglots sous le poids de cette honte. — Oh! Grand Dieu!... Oh!... Oh!...

SÉVERIN. — Tu vois qu'il ne restait plus de délai!

JULIANE, prostrée. — Le pauvre! le pauvre!... Par quelle torture morale aura-t-il passé pour qu'il ait préféré cette atroce résolution?... Combien faut-il qu'il ait souffert?... (Se ranimant.) Mais comment s'est accompli cela? Est-ce possible qu'il n'y ait eu rien, ni personne, pour s'interposer?... Toi-même, Séverin, toi, tu te trouvais là?

SÉVERIN. — J'y étais, oui.

JULIANE, agressive. — Et tu t'es douté? Tu prévoyais? Tu as su à l'avance?

SÉVERIN. — Permets-moi...

JULIANE, farouche. — Séverin, Séverin!... Si, réellement, il a dépendu de toi que mon mari ne meure pas!... si tu as, au contraire, favorisé la chose! Si tu as eu la volonté qu'elle s'accomplisse! je t'en ferai le reproche éternellement!

SÉVERIN. — Dans l'état où tu es, ma bien chère Juliane, je ne recommencerai pas une tentative pour t'expliquer ce qui s'imposait. La boue dont cet homme allait couvrir tous les siens, je croirai toujours, moi, qu'elle devait être lavée par son sang!

JULIANE, passionnément, furieusement. — Moi, je voulais, malgré tes arguments terribles, moi, je voulais qu'il vive!... Je voulais, malgré tout, pouvoir l'aimer encore!... Je l'aimais! Je l'aimais!... Je l'aime! Je l'aimerai jusqu'à mon dernier soupir!

SÉVERIN. — Non, ma sœur chérie, non! Tu ne continueras pas de l'aimer!... Je te guérirai de ton erreur sur lui en te faisant au cœur une brûlure que j'ai longtemps essayé de t'épargner...

JULIANE. — Que signifie...?

SÉVERIN. — Juliane, le compagnon de ta vie était le plus débauché des hommes...

JULIANE. — Deviens-tu fou?

SÉVERIN. — Depuis des années, tu étais une épouse trahie, bafouée...

JULIANE. — Tu mens!

SÉVERIN. — Il s'est d'abord amouraché d'une danseuse. Il était ensorcelé actuellement par une grande aventurière...

JULIANE. — Tu forges ces inventions pour me détacher de lui!... Je te répète que tu mens! tu mens!

SÉVERIN. — Fais seulement un effort de raison et tu seras frappée de l'évidence. Examine comme tout s'enchaîne dans le désastre. Ton mari a volé parce qu'il avait spéculé. Il spéculait et jouait parce qu'il avait mangé tout son avoir. A quoi? A quoi?... Ce n'était pas dans les dépenses de votre intérieur, si modérées, si sages! Ne vois-tu pas que votre argent avait fondu dans ses prodigalités d'amant?

JULIANE, essayant de protester encore. — Ah! tu as des mots qui me font affreusement mal!... Mais, tout de même, je ne te crois pas!... Je ne peux pas te croire!... Je ne veux pas te croire!...

SÉVERIN. — Pauvre sœur! Je te multiplierai les preuves!... Messénis, que tu vas voir, est en mesure de te fournir le témoignage le plus précis, le plus formel... Penses-tu que j'abuserais de ta crédulité dans un instant pareil?... Je n'ai rien avancé qui ne soit vrai, je t'en fais le serment sur tout ce que nous avons de sacré! Je te le jure sur la mémoire de nos parents! sur la tête de tes enfants!

JULIANE, abandonnant la défense. — C'est assez !... C'est fini!... Je suis convaincue!

Elle est tombée dans les larmes.

SÉVERIN, dans un sentiment de prosternation. — Pardon, ma Juliane!... Pardonne-moi de t'avoir fait cette peine-là au plus sensible de ton âme... Pardon!... Pardon!...

JULIANE, relevant la tête et les yeux fixés devant elle. — Ainsi, je m'étais consacrée à mon mari jusqu'à vouloir partager toute sa dégradation, toutes ses misères! Et lui, de longue date, m'apportait la fausseté sur son visage, la fausseté dans ses paroles! Il se raillait de ma tendresse! Il m'a embrassée avec des lèvres qui aimaient d'autres femmes! Ah! Dégoût!... Pouah!... Avec moi, comme avec tous ses engagements, l'être qu'il a été, ce n'était donc rien que traîtrise!... (Regardant Séverin avec vénération.) Toi, mon frère, qui es tout honneur et toute conscience, embrasse-moi! embrasse-moi! (Elle veut l'étreindre, il s'éloigne d'elle en silence.) Qu'est-ce que tu as?... Que se passe-t-il en toi?

SÉVERIN. — J'ai encore une chose à t'apprendre... j'hésite... Mais je n'ai pas le droit de te dissimuler le reste. Ton mari n'a jamais songé à donner sa vie en paiement de ses dettes. Le revolver qui était à sa portée, c'est moi qui le lui ai tendu...

JULIANE, secouée à nouveau. — Toi!

SÉVERIN. — Il a repoussé mon geste. Il a reculé de place en place, (Il indique vaguement.) autant que j'avançais... Une force supérieure, un délire, me dicta mon rôle...

JULIANE, palpitante. — Et puis?... Et puis?...

SÉVERIN, passant les doigts sur son front. — Je ne revois pas l'instant où l'arme que je tenais par le canon s'est retournée dans ma main?... Je ne me rappelle pas comment?

JULIANE, éperdue. — C'est toi qui as...? C'est toi qui...? C'est toi?

SÉVERIN. — J'ai été son juge, oui.

JULIANE, de même. — Oh! mon frère! mon frère!

SÉVERIN. — A toi maintenant de me juger!

JULIANE, de même. — Est-ce que je peux t'absoudre? Est-ce que je peux te condamner? Je n'ai plus conscience de rien! Je tremble de tous mes membres!... Que va-t-il t'arriver, à ton tour?

SÉVERIN. — Ce que Dieu voudra!

JULIANE. — Est-ce que nul n'a été à même de te soupçonner?

SÉVERIN, avec un geste de résignation. — Il y a Messénis...

JULIANE. — De lui, tu n'as pas à craindre...

SÉVERIN. — Il doit y avoir aussi Baptiste...

JULIANE, inquiète. — Oh! tu l'as traité rigoureusement!... Nous l'avons chassé.

Scène XII

LES MÊMES, BAPTISTE

BAPTISTE, entrant par la porte de l'antichambre et faisant un pas de retraite. — Excusez!

SÉVERIN. — Qui cherchais-tu?

BAPTISTE. — Vous, mon commandant.

SÉVERIN. — Pourquoi?

BAPTISTE, avec un regard qui indique Juliane. — C'est que...

SÉVERIN. — Tu peux tout dire devant ma sœur: elle est informée de tout.

BAPTISTE. — Un des deux hommes qui sont là-haut a fait observer que le coup de feu semblait avoir été tiré à une certaine distance, parce que la peau du front n'était point roussie...

SÉVERIN. — Et après?...

BAPTISTE. — J'ai aussitôt expliqué que, juste à temps pour empêcher peut-être M. Béreuil, j'étais entré dans la pièce où il se trouvait seul. Mais que je n'avais pas su être assez prompt, de sorte que je n'avais pas réussi à le maîtriser et que j'avais seulement pu ramener son coude un peu en arrière...

SÉVERIN. — Et ensuite?

BAPTISTE. — On a été satisfait de ma déclaration. Mais je voulais avertir mon commandant que l'événement s'était passé comme j'ai raconté.

SÉVERIN, avec une émotion concentrée. — Merci... (Dans le grave silence, Baptiste va pour se retirer.) Baptiste? (Celui-ci s'arrête.) Tu sais qu'à la légion étrangère on ne cherche pas à savoir quel est celui qui demande à y entrer. Il suffit de paraître encore suffisamment jeune et d'être toujours prêt pour le danger... Si je pars m'y engager...

BAPTISTE, anxieux. — Mon commandant!

SÉVERIN, repoussant le titre d'un geste. — Je n'aurai plus de grade, plus de nom. J'y serai simple soldat comme toi si tu m'y accompagnes?

BAPTISTE, exaucé. — Pour vous servir, oh! oui!

SÉVERIN. — Bien!

Baptiste sort.

Scène XIII

SÉVERIN, JULIANE

JULIANE, oppressée. — Quel est ce projet dont tu parles?

SÉVERIN. — Les enfants du mort ne peuvent plus avoir leur existence mêlée à la mienne. Je m'écarte d'eux par un égard instinctif que je dois à leur ignorance de ce que j'ai fait. Puissent-ils ne jamais savoir non plus ce que leur père avait fait!

JULIANE. — Ah! quelles misérables choses nous sommes devenues devant la loi divine!... « Tu ne voleras pas!... » « Tu ne tueras point!... » « Tu ne feras pas de faux témoignages!... » Mais soudain, dans cette maison, le crime jaillit de partout!... Malversations! Meurtre! Et ma complicité qui couvre!... Le destin nous a pris dans ses griffes, et voilà ce qu'il a fait de nous! (A Messénis, qui entre.) Ah! Messénis! Mon ami!

Scène XIV

SÉVERIN, JULIANE, MESSÉNIS

MESSÉNIS, à Juliane. — Je viens vous prévenir, ma chère Juliane, que la place à présent vous est faite libre.

JULIANE, avec une pâle expression de remerciements. — C'est vous qui vous êtes chargé des tristes devoirs!

MESSÉNIS. — La chambre mortuaire vous attend.

JULIANE. — Je m'y rends.

Elle va s'acheminer.

SÉVERIN. — Adieu!

JULIANE, se retournant vers lui. — Oh! pas encore!

MESSÉNIS. — Où vas-tu?

SÉVERIN. — Me préparer à partir.

JULIANE, le suppliant. — Mon frère, ne te sépare pas si vite de moi!

SÉVERIN. — Tu donneras les prétextes à Noémi, à Joachim. Je veux éviter qu'ils me retrouvent ici...

Il ne faut pas que je les expose à m'embrasser, à serrer cette main!

JULIANE. — Quel sera ton sort?

SÉVERIN. — Il sera de vous assurer, de loin, le nécessaire avec le peu de ressources que j'ai encore... cette pensée me suffira.

JULIANE. — Séverin! promets-moi que tu ne t'en vas pas pour toujours. Promets-le?

SÉVERIN, à Messénis, lui désignant Juliane. — Je la confie à ton respect, à ton affection.

MESSÉNIS. — Sois sûr que j'aurai un absolu dévouement.

JULIANE, se suspendant à son frère. — Oh! tu reviendras, Séverin? N'est-ce pas que tu reviendras plus tard? Ne fût-ce que dans longtemps, dis un peu que tu te rapprocheras de moi? que tu le pourras? que tu le voudras bien?

SÉVERIN. — A quoi bon se prononcer? Que sais-je? Est-ce qu'on sait jamais rien?... Le destin est maître!

RIDEAU

Séverin : « ... *J'y serai simple soldat comme toi si tu m'y accompagnes* » — Page 18.

La dernière œuvre de Paul Hervieu : *le Destin est maître.*

En lisant *le Destin est maître*, on se rend compte de la perte que représente, dans l'actuel désarroi de notre théâtre, la disparition de son auteur, de cet esprit qui était, pour notre art dramatique, un tel élément de force pondérée, de puissance ordonnée, en contenant, sous son apparente roideur, tant de vie frémissante.

Comme si Paul Hervieu avait pressenti que cette pièce serait la dernière de ses œuvres qu'il verrait représentée, il semble qu'il y ait résumé, condensé, pour sa propre satisfaction, tous les principes d'un art qu'il avait, pour ainsi dire, créé à son usage et qu'il resta le seul à servir.

C'est un théâtre qui garde jusque dans ses excès la plus irréprochable tenue, dont le dialogue ne s'exaspère qu'avec une application redoublée, les sentiments s'y expriment avec un effort plus grand, de précision dans leurs subtilités, et de sobriété dans leurs violences. Par toutes ces particularités l'œuvre de Paul Hervieu, que ses contemporains entouraient d'une admiration respectueuse, restera unique et comme isolée au milieu de notre foisonnement théâtral et brillera dans l'avenir d'un éclat singulier.

Le sujet même qu'il avait choisi cette fois, et les circonstances qui en avaient accompagné la recherche et l'élaboration, l'esprit dans lequel il l'avait développé, ne pouvaient qu'ajouter à sa propension naturelle et donner à sa prose un apprêt tel que, par comparaison, nous trouvons à la prosodie de nos plus rigides classiques, aux vers d'un Corneille par exemple, l'aisance, la bonhomie et la souple liberté d'un langage qui, pour être magnifique, n'en reste pas moins familier. L'évocation de ce nom illustre n'est pas, ici, tout à fait arbitraire. En écrivant *le Destin est maître*, Paul Hervieu s'était proposé d'ajouter une œuvre au répertoire des modernes compatriotes de Lope de Vega et de Calderon ; ainsi nous pouvons considérer qu'il y a là, sans préméditation, comme un courtois remerciement, à trois siècles de distance, une sorte d'hommage aux héritiers intellectuels des deux génies qui, jadis, enrichirent notre théâtre par l'entremise, précisément, de notre plus grand tragique.

* * *

Dans les premiers mois de 1913 Paul Hervieu avait été à Madrid assister à des représentations de la *Course du Flambeau*. Peu après, poursuivant son voyage vers le Sud, il rencontra, à Grenade, deux célèbres artistes espagnols, directeurs du Teatro de la Princesa, de Madrid : Mme Maria Guerrero et son mari, don Fernando Diaz de Mendoza, qui porte dans le monde, avec la grandesse d'Espagne, le titre de comte de Balazote. Notre compatriote reçut d'eux l'accueil le plus empressé ; ils lui exprimèrent le regret qu'une tournée en province les eût privés d'applaudir la *Course du Flambeau*, et l'espoir qu'ils auraient l'honneur et le plaisir d'interpréter eux-mêmes une autre de ses œuvres. Paul Hervieu fut quelques jours leur hôte ; ils se lièrent d'une réciproque amitié. Mme Guerrero et M. Diaz de Mendoza, fervents admirateurs de la culture française, avaient contribué à la faire aimer dans leur pays. Ils insistèrent si affectueusement que notre auteur s'engagea vis-à-vis d'eux, non seulement à leur donner, en traduction, une des premières pièces qu'il ferait jouer à Paris, mais à écrire spécialement pour eux une œuvre nouvelle.

De retour en France, Paul Hervieu se mit donc au travail. Il avait promis sa pièce pour le 1er janvier ; elle était terminée et la copie expédiée dans les derniers jours de décembre. Aussitôt Mme Guerrero en confiait la traduction à un auteur fameux au delà des Pyrénées, M. Jacinto Benavente qui s'acquitta de sa tâche en quelques semaines.

Et les répétitions en furent immédiatement poussées avec le plus grand soin. Le roi et la reine d'Espagne avaient, d'Andalousie où ils se trouvaient, indiqué l'importance qu'ils attribuaient à cette manifestation d'art franco-espagnole, en exprimant le désir d'assister à la « première », dont la direction du théâtre recula alors la date de quelques jours, afin que les souverains fussent présents. Et les représentations se poursuivirent avec le plus vif éclat.

* * *

Elles ne furent pas moins brillantes, le mois suivant, à Paris, où *le Destin est maître* faisait affiche, à la Porte-Saint-Martin, avec une touchante et délicieuse comédie de MM. Robert de Flers et G.-A. de Caillavet : *Monsieur Brotonneau*. Nous retrouvons dans la presse de cette époque, sur les deux actes que nous publions aujourd'hui, d'intéressantes appréciations.

M. Adolphe Aderer, par exemple, croyait discerner que l'auteur avait voulu, dans cette œuvre, adapter son noble talent aux artistes qui devaient tout d'abord l'interpréter et au premier public qui devait l'entendre. Et il expliquait judicieusement, dans le *Petit Parisien* :

« Par le sujet, par la coupe en deux actes, par le caractère des personnages, elle avait tout pour séduire les auditeurs espagnols, ce qui est arrivé, en effet : elle n'a pas moins impressionné les spectateurs français. »

M. Paul Souday, de même, jugeait que cet ouvrage émouvant, captivant, et dont la donnée repose sur une conception chevaleresque de l'honneur, est d'allure bien espagnole.

M. Adolphe Brisson examinait d'abord à un point de vue général le théâtre de Paul Hervieu, exposant, dans *le Temps*, que ses pièces étaient à la fois des démonstrations, des plaidoyers, des drames :

« Le drame est rapide, ramené à l'essentiel, dégagé de toute superfluité ; le plaidoyer est sobre, exempt d'amplifications oiseuses ; la démonstration sort directement des faits et s'impose à la réflexion du spectateur. Le mélange de ces éléments imprime aux ouvrages de Paul Hervieu une physionomie particulière : de la grandeur et de l'âpreté, une sorte de sécheresse abstraite et hautaine, une énergie concertée et un peu dure, de l'éloquence et de l'ironie. Il semble que la sensibilité de l'écrivain (car il est très sensible) se raidisse et, par pudeur ou timidité, se dissimule. Elle se dérobe à l'auditeur superficiel ; elle se révèle à l'auditeur attentif. L'émotion que celui-ci en reçoit le récompense de son petit effort de compréhension. J'ajoute que, dans l'œuvre que voici, l'effort se trouve réduit au minimum. Hervieu n'en a pas construit de plus humaine, de plus logique, de plus rapide, et qui contienne une action plus véhémente et qui aboutisse à des conclusions plus claires. »

M. Abel Hermant, dans *le Journal*, se défendait de comparer entre elles les œuvres de Paul Hervieu, et s'il appelait chef-d'œuvre *le Destin est maître*, ce n'était pas pour déclarer une préférence :

« Je prends le mot dans son sens propre, dans son sens technique, et pour ainsi dire ouvrier. *Le Destin est maître* est bien l'œuvre modèle, où l'artiste, en pleine possession de son art, qu'il a d'ailleurs inventé entièrement lui-même, en applique tous les procédés et toutes les règles avec une sorte d'infaillibilité. C'est, en laissant à part l'admirable *Course du flambeau*, drame plus abondant, plus touffu, peut-être aussi plus libre, c'est la manière des *Tenailles*, de *la Loi de l'homme*, de *Connais-toi*, de *l'Enigme*, mais que jamais Hervieu n'avait pratiquée avec une telle sûreté de soi. C'est l'art le plus classique, et dont nous retrouverions les principes dans Aristote ou dans Horace, s'il n'y avait un peu trop de pédanterie à les y aller chercher. Plutôt, c'est l'art même, selon sa plus noble définition, l'art qui ne se permet ni les divertissements, ni les ornements oiseux, qui a l'idée fixe et comme la manie de son objet.

» Mais c'est trop parler du métier, ou même de l'art. *Le Destin est maître* ne m'apparaît pas moins chef-d'œuvre — toujours au sens où je le prenais plus haut — par l'esprit que par la facture : j'entends que Paul Hervieu ne nous a donné, en aucun autre de ses drames, une expression si décisive de sa philosophie humaine et généreuse, et de sa morale. »

M. Pierre Mille jugeait que cette pièce était menée, de son début à sa fin nécessaire, sans un mot qui ne concourût au but, sans un défaillance et sans même un repos, avec un talent fait de la plus rigoureuse austérité :

« Elle est implacable et saine » écrivait-il dans la *Renaissance*.

M. J. Ernest-Charles observait, dans l'*Opinion*, que, cependant que se développe l'action de cette tragédie rapide et violente, on n'a pas le loisir de se révolter contre l'effrayant pessimisme de ce dramaturge qui ne laisse rien espérer même aux hommes et aux femmes de bonne volonté :

« On n'a pas le loisir de se révolter, car l'action dramatique est tellement pressante qu'on est entièrement dominé par elle. Dans l'instant, il n'est possible au spectateur que d'être ému profondément. Il ne peut réfléchir qu'après. Ayant réfléchi, il ajoute encore à son émotion, car il est bien obligé de convenir que, pour une grande part tout au moins, ce pessimisme c'est la vérité, ce pessimisme, c'est la vie, et que précisément dans le courant ordinaire des jours surgissent des tragédies qui ne sont ni moins fatales, ni moins inexorables en leur fatalité. »

Paul Hervieu a donc fait là une nouvelle tragédie, concluait M. J. Ernest-Charles, tragédie rapide, tragédie qui ne se répand pas en tirades retentissantes, tragédie d'action :

« Paul Hervieu n'a peut-être jamais expliqué avec une sobriété plus heureuse et plus forte sa doctrine de la tragédie moderne. »

Tel n'était point l'avis de M. G. de Pawlovski, déclarant dans *Comœdia* :

« La pièce hautaine et brève de Paul Hervieu n'est point, comme on pourrait le croire, une tragédie. Une tragédie suppose une stylisation de la douleur, une façon hiératique de considérer la destinée. La pièce de Paul Hervieu, bien que d'une extraordinaire cruauté morale, ne paraît employer le grand style que pour mieux faire ressortir l'âpreté comique des situations, l'humour féroce et tragique de la vie telle qu'elle est. Plus les personnages de Paul Hervieu s'exprimeront d'une façon noble, auront des idées pures, honnêtes et élevées, et plus le fait divers brutal, banal et odieux qui les entraîne nous heurtera davantage.

» Pour réaliser cette cruelle opposition, deux actes seulement étaient nécessaires et, dans ces deux actes, Paul Hervieu a su renfermer tout ce que la réalité peut comporter de tristesses, de chutes ou de désenchantements. »

Et M. Robert de Flers, dont les trois actes de *Monsieur Brotonneau* partageaient l'éclatant succès de ces deux actes, écrivait de son côté dans le *Figaro*, conciliant sans s'en douter les deux points de vue exposés plus haut :

« Sans doute l'on dira encore, et on n'aura pas tort de dire, que *le Destin est maître* est une sorte de tragédie, mais il conviendrait que ce mot, certes fort noble, n'ait pas pour résultat de glacer dans le respect le jugement du spectateur. *Le Destin est maître* est sans doute une tragédie, mais une tragédie moderne qui sait conserver le mouvement, le rythme de la vie quotidienne et qui nous montre précisément au milieu des propos et des petits faits de tous les jours une catastrophe s'abattant sur l'intérieur le plus paisible hier encore et y faisant surgir tout à coup le meurtre, le vol, le mensonge et le faux témoignage. Ce fut certainement le but de Paul Hervieu — le titre de son œuvre nous le prouve — de nous montrer à quel point la Fatalité, en une heure, peut bouleverser des hommes au point de les forcer à accomplir les actions les plus invraisemblables de leur part. Leur éducation, leurs principes, leurs croyances sont là pour s'opposer à tel geste. Mais, si les circonstances l'exigent, ce geste, ils le feront quand même, ils le feront malgré eux. Le Destin est maître. »

***

Le Destin est maître n'étant pas joué actuellement, il serait superflu de parler de l'interprétation, si la comparaison entre les artistes espagnols, pour qui ces deux actes furent, en somme, écrits et les artistes français qui les jouèrent presque simultanément, ne permettait de relever quelques particularités intéressantes. Un de nos critiques les mieux qualifiés pour cela, M. Henry Bidou eut, après avoir assisté à la première de cette pièce à Paris, l'occasion de faire un voyage en Espagne. En passant à Madrid il ne manqua pas — une légitime curiosité professionnelle le poussant — d'assister à une soirée du Teatro de la Princesa ou l'on était au plus fort des représentations de *El Destino manda*. Il fut aussitôt frappé de la diversité des interprétations de Mme Guerrero et de Mme Brandès ; on n'en pouvait concevoir, en effet, de plus dissemblables, et il nous rapporta ses impressions en ces termes dans le *Journal des Débats* :

« Selon l'interprète, l'œuvre change complètement d'aspect. Jamais le pouvoir du comédien n'est apparu avec plus de force. Quand Mme Brandès joue, l'idée fondamentale de l'œuvre, son dessein, sa signification se voient avec une netteté tragique. Elle est le personnage même : l'être fier et pur, réduit tout à coup à la complicité du crime, et à qui l'intelligence qu'elle a de son rôle donne de l'horreur. Quand Mme Guerrero joue, toute cette démonstration un peu didactique disparaît ; le personnage perd son caractère propre pour n'être plus qu'une femme qui pleure ; mais le malheur de sa destinée apparaît avec une force émouvante, la raison de l'œuvre s'efface et le pathétique s'accroît. Cette différence éclate d'une façon dont, au dénouement, chaque artiste répète le texte violé du Décalogue : « Tu ne tueras point... ». Mme Brandès semble réfléchir et chercher elle-même la leçon de l'événement ; Mme Guerrero, étendue, sanglotante, murmure le précepte divin d'une voix trempée de larmes, comme une pécheresse qui a failli malgré soi. Ainsi le génie de chaque race anime l'œuvre tour à tour. A Madrid, une fureur plus passionnée ; à Paris, un esprit d'analyse et de déduction font d'un même texte deux ouvrages. »

Les autres personnages ne prêtaient point aux mêmes comparaisons ; à noter qu'au Teatro de la Princesa le rôle du jeune Joachim était joué en travesti. M. Henry Bidou jugeait d'ailleurs M. Le Bargy supérieur à M. Diaz de Mendoza, et l'ensemble de la pièce mené, en Espagne, plus rapidement, et avec une exubérance qui eût, sans doute, surpris sur nos boulevards mais qui paraissait assez naturelle au delà des Pyrénées.

GASTON SORBETS

Le Directeur : RENÉ BASCHET. Imp. de *L'Illustration*, 13, rue Saint-Georges, Paris (9e). — L'Imprimeur Gérant : A. CHATENET

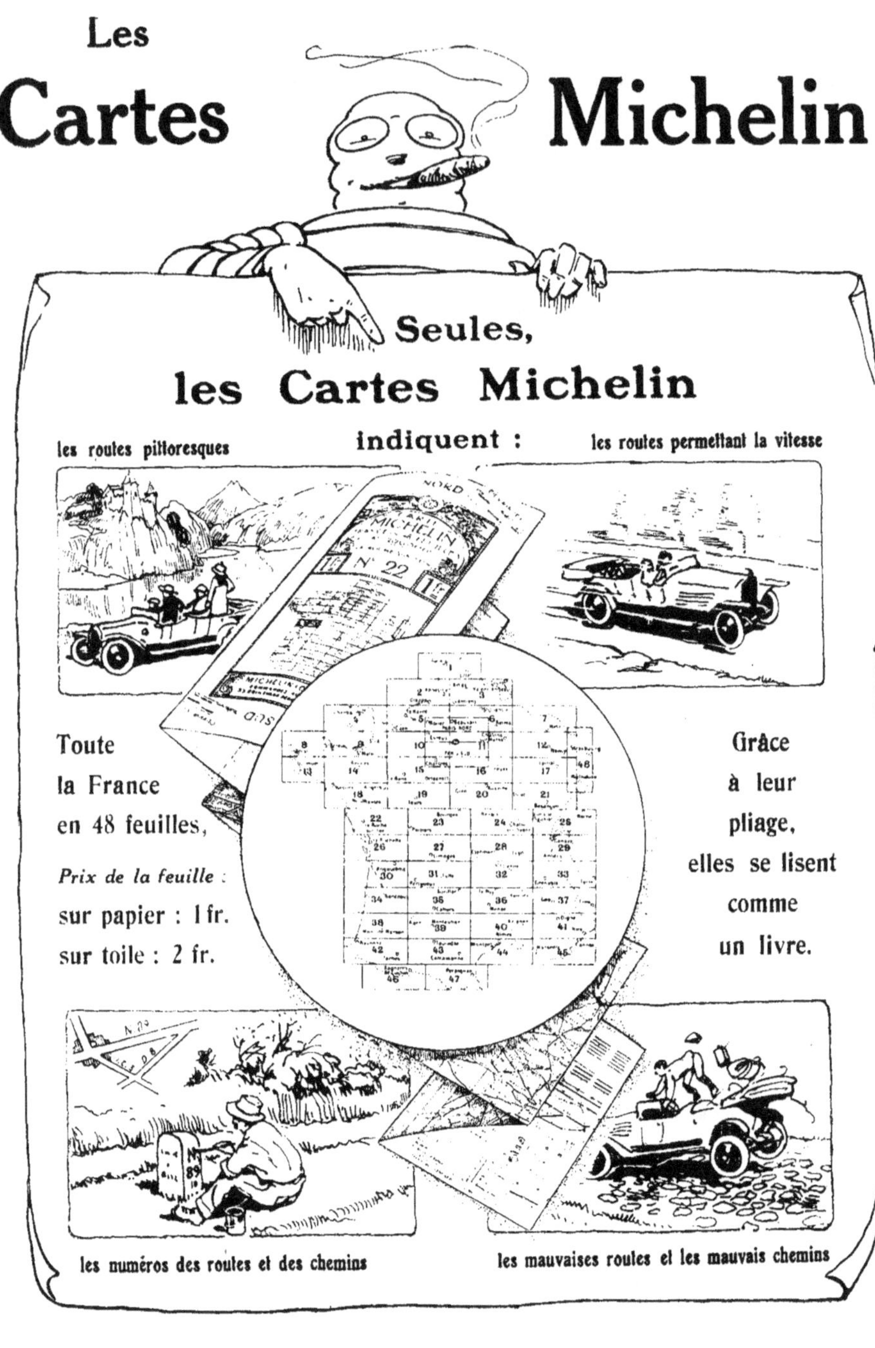
Les
Cartes Michelin
Seules,
les Cartes Michelin
indiquent :
les routes pittoresques
les routes permettant la vitesse
Toute
la France
en 48 feuilles,
Prix de la feuille :
sur papier : 1 fr.
sur toile : 2 fr.
Grâce
à leur
pliage,
elles se lisent
comme
un livre.
les numéros des routes et des chemins
les mauvaises routes et les mauvais chemins

www.ingramcontent.com/pod-product-compliance
Lightning Source LLC
LaVergne TN
LVHW010014230826
846092LV00002B/813

9782329596358